新型职业农民培育系列教材

休闲农业
与乡村旅游

徐 丁 李瑞雪 武建丽 主编

中国农业科学技术出版社

图书在版编目（CIP）数据

休闲农业与乡村旅游／徐丁，李瑞雪，武建丽主编 . —北京：中国农业科学技术出版社，2018.5（2025.7重印）
ISBN 978-7-5116-3638-6

Ⅰ.①休… Ⅱ.①徐…②李…③武… Ⅲ.①观光农业-研究-中国②乡村-旅游业-研究-中国 Ⅳ.①F592.3

中国版本图书馆 CIP 数据核字（2018）第 082136 号

责任编辑	崔改泵　金　迪
责任校对	贾海霞
出 版 者	中国农业科学技术出版社
	北京市中关村南大街 12 号　邮编：100081
电　　话	（010）82109194（编辑室）　（010）82109702（发行部）
	（010）82109709（读者服务部）
传　　真	（010）82106650
网　　址	http://www.castp.cn
经 销 者	各地新华书店
印 刷 者	北京建宏印刷有限公司
开　　本	880mm×1 230mm　1/32
印　　张	6
字　　数	154 千字
版　　次	2018 年 5 月第 1 版　2025 年 7 月第 9 次印刷
定　　价	32.00 元

━━━━━ 版权所有·翻印必究 ━━━━━

《休闲农业与乡村旅游》编委会

主　编　徐　丁　　李瑞雪　　武建丽
副主编　陈小武　　葛万钧　　任品会　　刘展宏
　　　　　　王　瑞　　吴志杰　　魏巧鸽　　巨进超
　　　　　　冯海清　　汪　寒　　李红晓　　曲永栋
　　　　　　谭春梅　　谢　琳
编　委　苏　玮　　田赶成　　刘宝军　　宋彦平
　　　　　　师永东　　李秀萍　　张立岐　　陈淑菊
　　　　　　孙　静　　熊元秀　　周吕瑞　　邓凤英
　　　　　　韦淑花　　刘　勇

前　言

　　休闲农业和乡村旅游是现代农业的重要组成部分,是推进城乡一体化发展的重要内容,是落实"绿水青山就是金山银山"的重要载体,在推动农业供给侧结构性改革、建设美丽乡村、带动农民就业增收、传承农耕文明等方面发挥着重要作用。

　　本教材以能力本位教育为核心,语言通俗易懂,简明扼要,注重实际操作。主要介绍了休闲观光农业的概述、休闲观光农业的功能与定位、休闲观光农业产业模式、休闲农业的策划、乡村旅游概述、乡村旅游发展模式、乡村旅游营销、乡村旅游产品升级等方面的内容,可作为有关人员的培训教材。

　　本教材如有疏漏之处,敬请广大读者批评指正。

编　者

前言

目 录

第一章　休闲观光农业的概述 …………………………（1）
　第一节　休闲观光农业的起源与发展 ………………（1）
　　　一、休闲观光农业的起源 …………………………（1）
　　　二、休闲观光农业的发展 …………………………（2）
　第二节　休闲观光农业产生的因素分析 ……………（4）
　　　一、综合因素分析 …………………………………（4）
　　　二、我国休闲观光农业的需求与供给因素 ………（5）
　第三节　休闲观光农业的内涵、外延与特征 ………（10）
　　　一、休闲观光农业的内涵 …………………………（10）
　　　二、休闲观光农业的外延 …………………………（11）
　　　三、休闲观光农业的特征 …………………………（14）

第二章　休闲观光农业的功能与定位 …………………（15）
　第一节　休闲观光农业的基本功能 …………………（15）
　　　一、生产功能 ………………………………………（15）
　　　二、游憩与保健功能 ………………………………（15）
　　　三、经济功能 ………………………………………（15）
　　　四、社会功能 ………………………………………（16）
　　　五、教育功能 ………………………………………（16）
　　　六、环保功能 ………………………………………（16）
　　　七、文化传承功能 …………………………………（16）
　第二节　休闲观光农业的定位 ………………………（17）
　　　一、关于休闲观光农业内涵定位的争论 …………（17）
　　　二、产业融合——休闲观光农业的本质属性 ……（18）

· 1 ·

三、基于产业融合的休闲观光农业产生过程 …… (18)
第三章 休闲观光农业产业模式……………………(21)
第一节 休闲观光种植业…………………………(21)
一、概述 ………………………………………(21)
二、休闲观光种植业的类型 …………………(22)
第二节 休闲观光林业……………………………(30)
一、概述 ………………………………………(30)
二、休闲观光林业的主要类型 ………………(30)
第三节 休闲观光畜牧养殖业……………………(34)
一、概述 ………………………………………(34)
二、休闲观光畜牧业的主要类型 ……………(35)
第四节 休闲观光渔业……………………………(39)
一、概述 ………………………………………(39)
二、休闲观光渔业的主要类型 ………………(39)
第五节 休闲观光农副业…………………………(41)
一、概述 ………………………………………(41)
二、休闲观光农副业 …………………………(42)
第四章 休闲农业的策划…………………………………(43)
第一节 休闲农业的策划概述……………………(43)
一、策划的概念 ………………………………(43)
二、休闲农业策划的基本任务 ………………(45)
三、休闲农业策划的特点与原则 ……………(45)
四、休闲农业策划的基本思路 ………………(47)
五、休闲农业策划的策划要点 ………………(49)
六、休闲农业策划的一般程序与内容 ………(51)
七、休闲农业策划文本撰写 …………………(53)
第二节 休闲农业发展策划………………………(54)
一、全局上整体规划 …………………………(55)

二、绿色供应链管理 ………………………………… (55)
　　三、资源有效整合 …………………………………… (55)
　　四、推动休闲农业园区建设 ………………………… (56)
　　五、做好主题构建与特色休闲服务 ………………… (56)
　　六、营销有"道"策略 ………………………………… (57)
第三节　休闲农业品牌形象策划 ………………………… (57)
　　一、品牌与品牌形象 ………………………………… (57)
　　二、休闲农业品牌 …………………………………… (59)
　　三、休闲农业品牌形象视觉设计 …………………… (64)
　　四、品牌形象视觉设计实例 ………………………… (65)
第四节　休闲农业产品策划 ……………………………… (71)
　　一、休闲农业产品策划特点 ………………………… (71)
　　二、休闲农业产品策划原则 ………………………… (72)
　　三、产品策划实例 …………………………………… (73)
第五节　休闲农业服务策划 ……………………………… (77)
　　一、休闲农业服务概述 ……………………………… (78)
　　二、休闲农业服务特征 ……………………………… (78)
　　三、休闲农业服务策划 ……………………………… (78)
第六节　休闲农业节庆活动策划 ………………………… (81)
　　一、节庆活动的含义 ………………………………… (81)
　　二、节庆活动的分类 ………………………………… (81)
　　三、休闲农业节庆活动 ……………………………… (81)
　　四、休闲农业节庆活动策划原则 …………………… (82)
　　五、节庆活动策划实例 ……………………………… (82)

第五章　乡村旅游概述 ………………………………… (85)

第一节　乡村旅游的概念 ………………………………… (85)
第二节　乡村旅游的特点 ………………………………… (86)
　　一、自然性 …………………………………………… (86)
　　二、休闲性 …………………………………………… (87)

三、差异性 (87)
　　四、乡村性 (88)
　　五、成本低 (88)
　第三节　乡村旅游的起源与发展 (89)
　　一、国外乡村旅游的起源与发展 (89)
　　二、国内乡村旅游的起源与发展 (91)
　第四节　乡村旅游对社会经济发展的影响 (93)
　　一、促进农村经济发展 (93)
　　二、推动社会文化的发展 (94)
　　三、促进新农村建设 (94)
　　四、促进农村产业结构优化 (95)
　　五、促进城乡共同发展 (96)
　　六、具有扶贫功能 (96)
　第五节　我国乡村旅游存在的问题 (97)
　　一、产品单一、缺乏特色 (97)
　　二、基础设施投资力度不够、配备不完善 (98)
　　三、观念落后、服务质量低下 (99)
　　四、乡村旅游规划滞后、盲目开发 (100)
　　五、缺乏全面、有效的对外宣传措施 (100)
　　六、乡村旅游带来的负面影响日益严重 (101)

第六章　乡村旅游发展模式 (103)
　第一节　城市依托型 (103)
　第二节　休闲度假型 (104)
　第三节　农业观光型 (104)
　第四节　文化旅游型 (105)
　第五节　景区配套型 (106)
　第六节　古村落依托型 (106)
　第七节　科普观光型 (107)

第七章　乡村旅游营销 ……………………………… （108）

第一节　乡村旅游市场细分 ……………………… （108）
一、乡村旅游的需求类型 ……………………… （109）
二、乡村旅游目标市场策略 …………………… （110）

第二节　乡村旅游的产品策略 …………………… （115）
一、旅游产品的生命周期策略 ………………… （116）
二、乡村旅游新产品策略 ……………………… （118）
三、乡村旅游的品牌策略 ……………………… （122）

第三节　乡村旅游价格策略 ……………………… （126）
一、新产品价格策略 …………………………… （127）
二、心理定价策略 ……………………………… （129）
三、促销定价策略 ……………………………… （131）
四、改进价格策略 ……………………………… （132）
五、需求价格策略 ……………………………… （133）

第四节　乡村旅游分销渠道策略 ………………… （133）
一、乡村旅游分销渠道的类型 ………………… （133）
二、乡村旅游渠道的设计与应用 ……………… （136）

第五节　乡村旅游促销策略 ……………………… （141）
一、乡村旅游广告策略 ………………………… （142）
二、乡村旅游营业推广 ………………………… （145）
三、乡村旅游人员推销 ………………………… （149）
四、乡村旅游公共关系 ………………………… （151）

第八章　乡村旅游产品升级 ……………………… （157）

第一节　城乡统筹政策下乡村角色的转变 ……… （157）
一、城乡统筹推动乡村角色的转变 …………… （158）
二、城乡统筹催动乡村休闲产业发展 ………… （159）

第二节　乡村休闲产品的规划设计 ……………… （161）
一、乡村休闲概述 ……………………………… （161）

二、乡村休闲与节事活动 ………………………………（164）
　　三、乡村休闲产品规划设计要点 ………………………（167）
第三节　乡村度假产品的规划设计 ………………………（168）
　　一、乡村度假产品的产品特征 …………………………（169）
　　二、乡村度假产品的产品形态 …………………………（170）
第四节　乡村体验产品的规划设计 ………………………（174）
　　一、乡村体验产品的产品特征 …………………………（174）
　　二、乡村体验产品的规划要点 …………………………（175）
主要参考文献 ……………………………………………（179）

第一章 休闲观光农业的概述

第一节 休闲观光农业的起源与发展

一、休闲观光农业的起源

休闲观光农业是 20 世纪末的时尚。它在世界范围的真正兴起为 20 世纪中后期,在我国则从 20 世纪 90 年代开始。意大利在 1865 年就成立了"农业旅游全国协会",专门介绍城市居民到农村去体味农田野趣,距今已有 100 多年的历史。然而,就把农业引入园林这一简单形式看,我们也可以从园林的最初形态上找到休闲观光农业的雏形。

在古希腊园林形成的初期,实用性很强,形式也比较简单,多将土地修整为规则式园圃。种植则以经济作物为主,栽培果树、蔬菜及生产香料和各种调味品。这是当时比较主要的表现形式。

在古罗马园林中,基本继承了古希腊园林规则式的特点,并对其进行了发展和丰富。在种植方面,花园占了较大的比重,园林中的葡萄园、稻田则不再具有强烈的功利性。

在"黑暗的中世纪",园林以实用为主,城堡内的园林中设有规则的药圃和菜地。

在我国园林的雏形——周朝的苑、囿中,也栽有大量的桃、梅、木瓜等农作物,这从《周礼》上"园圃树之果瓜,时敛而收之"、《说文》上"园,树果;圃,树菜也"(树即栽培之意)、《诗经》上"桃之夭夭,其华灼灼"等诗句中可以看出。

随着历史的发展,农作物在园林中的应用也逐渐减少,到文艺复兴时期,当时最大的园林理论家阿尔伯蒂(Leon Battista Alberti)的设计思路就摒弃了纯实用的观点,认为果树不应种植在园林里……

从中外园林的最初形态上我们都能看到很多农业的影子,而今天,农业观光、农业旅游又成为新一轮的热点,这也说明人类对农业的认识已经历了一个否定之否定的过程,人们的认识已经上了一个新台阶。

二、休闲观光农业的发展

1. 休闲观光农业的背景与意义

休闲观光农业集农业和旅游业的特点,是农业发展的新途径,也是旅游业发展的新领域。休闲观光农业的发展与国民经济的发展、生活水平的提高以及生活方式的改变有着密切关系,特别是在城市化迅速发展的今天,城市高楼林立,街道纵横,交通拥堵,绿地减少,环境污染,人口增加,生活节奏紧张繁忙,人们生活空间日趋缩小。假日里有限的城市公园和风景区,由于人满为患,已经不能满足人们对休闲和旅游的心理需求,迫切需要到郊外农村寻求新的旅游空间,去欣赏田园风光、享受乡村情趣,实现回归大自然、陶冶情操、休养健身的愿望。

与城市相比,农村天地广阔,空气新鲜,自然环境优美,山村野趣浓厚,绿色食品多样,农事活动新奇,乡土文化丰富,对城市居民来说,是一种别具情趣的享受,具有极大的吸引力。发展休闲观光农业可以为城市人扩大观光旅游领域、学习和丰富农业知识、体验农民生活、促进城乡文化交流创造条件。农村优美的自然环境及新异的农业景观和城市人扩大休闲旅游的强烈愿望相结合,就形成了休闲观光农业发展的客观背景。

为适应旅游业发展的客观要求,充分开发利用农业资源,加快休闲观光农业的发展，具有重要的现实意义。主要表现在：

（1）可以充分有效地开发利用农业资源，调整和优化农业结构，促进农业和旅游业的合理结合，建立新的"农游合一"的农业发展模式。

（2）可以扩大旅游市场和农产品销售市场，同时还可以带动相关产业的发展，扩大劳动就业，增加经济收入，发展高效农业。

（3）可以保护和改善农业生态环境，塑造良好的乡村风貌，提高城市人的生活质量和环境质量，达到休憩健身的目的。

（4）可以让游客了解农业生产活动，体验农家生活气息，享受农业成果，普及农业基本知识，促进城乡文化交流。

（5）可以开拓新的农业旅游空间和领域，使部分游客走进"农业"这一大世界，以减轻某些观光地的人满为患压力，缓解假日里城市旅游地过分拥挤的现象。

2. 我国休闲观光农业的发展

我国是个古老的农业国，有悠久的农业历史，孕育了丰富的农耕文化；中国地大物博，农业资源异常丰富，农业景观新奇多样，这些都是促进休闲观光农业发展的内因。近年来，我国大陆实行改革开放，居民经济收入增加，生活水平显著提高，尤其是城市居民生活消费不再仅仅满足于衣食住行，而转向多样化、高层次的文化娱乐，由于城市人口增加，生活空间拥挤，工作节奏加快，人们产生了回归大自然、向往田园之乐的强烈愿望。因而，广阔的客源市场和旅游要求为休闲观光农业的发展提供了强有力的外因。

近年来，随着农业、旅游业的发展，农村条件的日益改善，为休闲观光农业的发展提供了可能。世界各国休闲观光农业发展的成功经验，也触发了我国大陆休闲观光农业的迅速发展。20世纪80年代后期，改革开放较早的深圳首先开办了荔枝节，主要目的是招商引资，随后又开办了采摘园，取得了较好的效益，于是各地纷纷仿效，开办了各具特色的休闲观光农业项目。如浙江金华石门农场的花木公园、自摘自炒茶园，富阳县的农业公园；福建漳州的花卉、水果大观园，厦门华夏神农大观园，建阳县黄坨乡蛇园，东山县"海上新村""鲍鱼观尝村"；云南西双版纳热带雨林、傣族的民舍；广西壮族自治区（全书简称广西）柳州水乡休闲观光农业区；安徽黄山市休宁县凤凰山森林公园；山东枣庄石榴园；吉林净月坛人工林场；四川三台新鲁橄榄林公园；海南亚珠庄园；河南周口市"傻瓜农业园"、睢阳县的绿雕公园；上海浦东"孙桥现代农业开发区"等。这些农业观光基地大多项目独特，条件优越，既可观光游览，又可操作度假，还有许多农业节活动相辅，正在逐步形成具有中国特色的休闲观光农业基地。

第二节 休闲观光农业产生的因素分析

一、综合因素分析

休闲观光农业的产生与社会发展的水平是密切相关的，产生的综合因素主要有以下几个方面。

1. 高密度社会的出现

现代社会，由于都市中人口密度的提高，生存空间及绿地减少，噪声、空气等污染长期胁迫居民，使得人类对乡间田野式生活的向往与日俱增。

2. 消费结构的变化

现代社会由于个人所得及生活水平提高，使得人们消费结构发生变化，人们用于休闲娱乐的费用大大提高，使得人们旅游等活动增加。

3. 休闲时间增加

由于经济形态改变，人们的工作时间和休闲时间比例亦随之变化，昔日"日出而作，日落而息"的生活方式亦逐渐为工业社会的生活所取代，休闲时间增加的结果，使得人们有余暇从事户外活动。早在20世纪60年代，美国著名社会学家丹尼尔·贝尔就提出未来社会是闲暇社会，人类历史上将第一次面临闲暇时间的压力所产生的社会问题。美国著名经济学家凯恩斯也曾预言，人类将第一次面临真正的永久问题如何度过闲暇，闲暇的增加正在改变着人们的价值观、生活和劳动意识。

4. 交通条件的改善

游憩旅游和交通关系密切，没有完善的交通条件，将大大减缓观光游憩的发展。特别是农业观光园，其位置与城市一般都有一定的距离，交通状况就显得尤为突出。

5. 农村结构的改变

由于经济起飞，传统农业形态面临许多冲击而产生各种问题，农业观光园的出现，可以解决一些相应问题。

基本上，休闲观光农业的发展，是由于农业区域外在环境及内在环境的变迁所造成的。

二、我国休闲观光农业的需求与供给因素

对我国而言，考虑需求、供给等方面的社会变迁因素，进行综合研究，可得到以下几个影响因素：

1. 需求方面

根据陈昭明（1981）的研究，影响游憩需求量和需求品质变动的因素包括许多，分别有外在大环境因素、中间因素、游乐区本身的因素。对于休闲观光农业需求兴起的原因，在此参考有关的研究，整理归纳为以下因素：

（1）人口（总人口、年龄结构、地域分布、教育程度）

趋势。我国人口数量一直呈稳定增长趋势。据 ORRRC（Outdoor Recleation Resouras Review Commission 户外休闲资源评估委员会）的研究指出，当人口增加时，则游乐需求量增加，并且当人口的其他因子改变时，亦会产生相互的影响。因此当总人口数增加，人口质量改变，如教育程度、健康、年龄结构等，使游憩需求在数量和品质上都有改变。

（2）城市化进程。新中国成立时，除中国台湾外整个国家只有 132 个城市。此后，我国城市总数逐年增加，到 1996 年达 663 个。现在，我国正处于一个经济增长和城市发展都很迅速的时期。

由于经济的发展与城市化进程的加速，造成我国各地不同的城市化程度。城市化程度较高地区，因就业机会增加，人口大量涌入，收入也将提高，进而提高了游憩需求量；兼以城市化造成了环境污染，生活紧张、缺乏绿意的生活环境，使人们提高了"躲避"城市和"亲近大自然"的动机。

由于农业观光园多半位于都市边缘地区，以回归田园为号召，因此吸引了许多都市地区的游憩需求者。

（3）国民生产总值。国民生产总值决定人民收入水平。就经济理论而言，一般消费支出随国民生产总值的增加而增加，因此 GNP 增加亦会影响游憩需求。

（4）个人所得及可自由支配所有。对家庭或个人而言，游憩费用多半由其可自由支配所得部分支出，因此个人所得及可自由支配所得的变动，影响到从事游憩活动的经费。

（5）交通建设及车辆。交通建设中公路里程及状况、铁路里程及状况、大型车辆（客运车、游览车等）及小型车辆（轿车、出租车）的拥有程度，都会影响人们参与游憩活动的机动性和游憩意愿。

近年来，我国在基础设施建设方面做了很大的改善，无论是铁路还是高速公路的建设都取得了长足的发展。随着我国加入WTO，轿车进入家庭也将越发普遍。

（6）大众传播事业。大众传播事业，如电视、广播、报纸、杂志等的普及，提供了有关农业观光活动的信息，刺激了居民产生从事游憩活动的动机，尤其是在一些大中城市，居民们渴望"做一天农民""体验农村生活"。

（7）社会政治环境。2001年3月，第九届全国人民代表大会第四次会议批准的《中华人民共和国国民经济和社会发展第十个五年计划纲要》中指出，要把结构调整作为主线，并把调整农业和农村经济结构放在经济结构调整的首位，在农业产业化经营上鼓励采取"公司加农户""订单农业"等多种形式。这表明国家支持多种农业结构与农业形式的存在。

（8）休闲时间。人类活动在时间上的分配，可以区分为生活必须时间、约束时间及自由时间三项（自由时间指由生活总时间减去上述两项时间后的剩余）。自由时间越多，能从事游憩的时间也越多。

我国自实行双休日制度以来，又增加了"五一"、"十一"、清明、中秋等法定休息日，这也为居民出游提供了一定的闲暇时间保障。

（9）休闲经验与观念。由于生活水平的提高，社会价值的转变，影响了人们对休闲时间运用的观念，从事户外旅游活动的利用方式越来越普遍，因此需求亦随之增加。而休闲经验是随着需求增加而增加，较丰富的休闲经验会使人们再度产生从事游憩活动的动机和意愿。因此休闲经验的增加，亦影响我国游憩的需求。

（10）偏好。由于社会变迁，都市化程度的提高，影响人们从事游憩活动的偏好。对于自然环境和乡间野味的偏好随着城市绿地的消失、生活空间的窄小、工作压力等因素而逐渐增加，于是休闲观光农业形态的旅游活动成为都市地区人们的新宠。

（11）游乐费用。从事游乐活动所花费的费用，称为游乐费用,包括交通费、食宿费、入场费、装备费等。游乐花费的水平越高,则需求越低,反之亦然。休闲观光农业的花费较低,属于平民化的旅游方式,因此其需求也较大。

由于受到上面所讨论的各因素影响,我国的游憩需求在数量和形态上都有所改变。

游憩需求量的增加:近年来,我国国内旅游收入和人数都在以较大幅度增加,城市和农村居民的旅游费用均有所提高,出游率逐年上升,国内旅游线中,长线不热,短线急剧升温。其原因一是都市人长期处在时间与空间的限制下,回归自然已成为一种时尚,另一方面则是由国内游客的经济承受能力所决定的。

游憩形态的改变:据日本学者分析,随着社会的进步,游憩活动将具有以下倾向。

①大量化。游憩时间及游憩消费均有急速增加的趋势。

②多样化。近年来由于社会环境及劳动环境的反作用,使休闲活动趋向各色各样的变化,再加上游憩活动系以个人自由意愿为基础,在本质上即易产生多样化现象。

③大型化。游憩活动原属于上层阶层及有关阶层所独占的娱乐活动,但目前已渐趋向大众普遍化,因此游憩活动时间将趋向长期性,活动空间将趋向广域化。

④主动化。处于社会机械复杂状态下,常令人有精神和肉体僵化的感觉,因此个人需主动运用休闲活动以求得自律性恢复身心,由往日仅限于"看"或"参观"的活动,代以"亲自参加"活动的趋势。

⑤户外化。人口逐渐向都市集中,都市生活空间狭小,生活节奏紧张,使市民对大自然充满憧憬与向往,游憩活动有户外化的倾向。

由于游憩需求有上述的变化趋势,"休闲观光农业"这种游憩形态的产生,也是为了满足逐渐增多的游憩需求,并符合游憩形态多样化、主动化、户外化的倾向。

2. 供给方面

对于农业观光的供给面——农民、农业部门而言，因游憩需求而产生农业观光形态的经营方式，其原因可归纳出以下几点。

（1）农业目标的改变。农业发展的目标随着社会变迁而更动。目前，我国农业发展的目标在于增加农民收入，调整农业产业结构、缩小城乡差距等。

农业观光园对于农村建设、提高生活水平、农村闲暇劳动力的利用等方面都能产生正面影响，和我国现阶段的农业目标相一致，因而近年来在我国发展迅速。

（2）农业问题的刺激。提高农民收入的方案有许多渠道，如调整生产价格、降低生产成本、改善运销条件等。

据吕伟白的研究，休闲观光农业带给农民的实质利益有：

①获得直接销售利益。一般农产品的市价与产地价格往往相差悬殊，这是因为农产品在运到市场的过程中，需加上大量的运销成本，如产地集货、分级、包装、加工、运输、贮藏等，如果再除去中间人的营利，则农民所能获得的利润更少。"休闲观光农业"吸引游客直接向农民购买农产品，"使'去买'的农业成为'来买'的农业"，减去了中间环节，农民可获得更多的利润。

②获得促销利益。农民往往没有财力替自己的农产品做宣传，经营休闲观光农业后，可借助游客游玩后的宣传，使产品知名度提高，拓展产品销售市场。

③获取其他游憩经营利益。农民还可获得门票收益及经营附属设施的利益。附属设施如民宿、特长店等。

休闲观光农业所涉及的层面十分复杂，包括农村环境、游憩系统、土地资源等问题，并非仅农业经济或组织推广可以全部包括，目前这类问题也逐渐受到其他学术领域及政府各部门的重视。

在我国，休闲观光农业尚属起步阶段，从事农业观光园及相关类型开发的主要还是政府行为，或者说是旅游开发商行为。真正的像国外那样由农户直接经营的还属少数，在提高农民收益这方面还显得不够直接。

第三节　休闲观光农业的内涵、外延与特征

一、休闲观光农业的内涵

休闲观光农业是一种依托农业和农村环境，适应现代都市居民"人与自然和谐，休闲与康乐互动"的休闲消费心理发展起来的休闲旅游形式。它不是毁"农"造景，而是以农为景；不是抛弃了农业原有的"生产价值"，追求生态、社会和文化价值，而是在农业原有的"生产价值"基础上，再增加生态、社会和文化价值。因此，休闲观光农业具有特定的和丰富的内涵。

1. 具有农业和旅游业的产业兼容性

农业属于第一产业，旅游业属于第三产业，本来两者各有天地，互不相融。但休闲观光农业的出现，无论是其项目设置、设施装备，或是环境条件、经营管理等方面，都是农业与旅游业的相互兼容，并以此而区别于一般的乡村农业。

2. 具有田园风光和旅游景点的呼应性

一般农业所特有的田园风光虽然有其自然、开阔、壮观的景色，但毕竟较为粗放和单一。休闲观光农业充分发挥一般农业田园风光的优势，因地制宜地加以艺术化改造，如绿化美化，地形改造，并适当设置雅致、简朴、自然的景点和实用、配套的设施，使田园风光得到点缀而增辉，旅游功能也因此而强化。

3. 具有生产功能和旅游功能的耦合性

农业的主要功能是向社会提供物质产品，以满足人们物质生活的需要；旅游业的主要功能是向社会提供文化产品，以满足人们精神生活的需要。休闲观光农业则是两种功能的耦合，既具有生产功能，又具有旅游功能，即在向社会提供物质产品的同时，以其特有的田园风光、民俗风情使人们感受到返璞归真、回归自然的乐趣，并达到体验生活、增长见识、陶冶情操的效果。

4. 具有生产活动和旅游活动的统一性

农业是以种养业为主的物质生产活动，旅游业是以观光、休闲为主的精神文化活动。这两种活动过程在过去一般都是分别在不同的场所展开的。休闲观光农业则是同时在同一场所使两种活动过程协调一致。

5. 具有物质价值和文化价值的互补性

农业追求的是物质生产价值，旅游业追求的是精神文化价值，两者的效益是通过各自的价值得到体现的。但在一般的农业和旅游业的项目中，具有物质生产价值的未必同时具有精神文化价值；具有精神文化价值的也未必同时具有物质生产价值。因为，生产性和可观赏性并不完全一致。所以，在许多情况下，是难以两者兼备的，往往为了这种价值而不得不牺牲另一种价值。休闲观光农业则可以实现两种价值的互补，一方面以其可观赏性和可参与性使农业的附加值得到提高；另一方面又以其生产性和文化性使旅游业价值获得支撑和延伸。

二、休闲观光农业的外延

休闲观光农业的外延是指休闲观光农业特有属性所反映的那些对象和范围。即休闲观光农业是指以农业旅游为主要内容，并具有一定产业功能和景观特色的农业。

1. 以种植业为特色的休闲观光农业

种植业，包括大田作物种植、经济作物种植和果树蔬菜种植等，其特色有多种多样的表达方式。以欣赏田园风光为特色的休闲观光农业，一般因规模大而十分壮观。如沪宁高速公路沿线两侧的现代农业示范带、黑龙江的农垦旅游、内蒙古的草原旅游。还有因主导产品突出的农业节旅游，如北京大兴的西瓜节和通州的美食节；上海长兴岛的橘子节、南汇的桃花节；广东的荔枝节；连云港云台的樱桃节；无锡马山的杨梅节；河南洛阳的牡丹节。以及因田园风光特殊的农业观光，如广西的观光梯田。

2. 以参与渔猎为特色的野趣农业

养殖业，包括水产业和畜牧业。以养殖业为特色的休闲观光农业，一般具有很强的可参与性。各地普遍已有许多可供垂钓的娱乐场所，如江苏金坛的五叶休闲渔桑场、无锡马山的生态旅游农业园等。

3. 以生态环境为特色的生态农业

草、木既是农业的重要资源，也是农业生态的基本要素，草业和林业都是大农业中的重要产业。在人们崇尚绿色自然的今天，以草、木资源为特色的农业旅游，发展十分迅速。如云南西双版纳的生态旅游，黑龙江的大兴安岭、吉林的长白山和湖北的神农架森林旅游等。

4. 以设施化为特色的特技农业

设施栽培和设施养殖已在农业上广泛应用，近几年来我国的设施农业发展很快，日光温室、塑料大棚、玻璃温室等保护地的种养面积不断扩大，并已使我国农业工厂化初见端倪。设施农业不仅因农业生产条件与露地农业有很大差别和特殊作用，而且以反季节种养、无土栽培、组织培养等特殊技术赋予旅游价值。如北京的中以（以色列）示范农场、上海浦东的现代温室、南京农业大学的现代温室,都已逐渐成为旅游的新热点。

5. 以民俗风情为特色的自然农业

我国是一个多民族国家,由于历史、文化和自然条件等原因,所形成的各具特色的民俗风情十分丰富,尤其是内地山区和边远少数民族地区,这种民俗风情更具吸引力。如湖南的张家界、四川的九寨沟、云南的大理、广西的龙胜等。

6. 以提供休闲度假为特色的休闲农业

当今,由于城市人群集居、环境污染、交通拥挤、节奏紧张而给市民带来生理的和心理的诸多不适,随着经济条件的改善,人们向往空气清新、环境幽静、景色宜人的田园诗歌式生活。因此,可提供休闲度假和双休日活动的休闲农业应运而生。如深圳的青青世界、无锡马山的生态旅游农业园、江苏金坛的五叶休闲渔桑场等。

7. 以汇聚农业科技为特色的未来农业

提高农业科技含量是实现农业和农村经济增长方式根本转变的关键,农业和农村对农业科技的需求日趋迫切。随着农业科技示范园区的不断增加,以汇聚现代科技为主题的农业科技硅谷已经孕育。如正在投建的中新合资的苏州未来农林大世界、福建省煤炭总公司和福州城门镇合资投建的福州海峡旅游农业园——中华世纪园,是目前国内农业产业类型最多,农业科技含量最高,集农业生产、科技示范、技术贸易、观光休闲于一体的规模最大的综合性旅游农业园。

8. 以"菜篮子"工程和生物主题公园为主体的都市农业

为解决城市居民的副食品供给问题,各大中城市都已相应在城郊定点建设了一批"菜篮子"工程,因其设施化程度和农业科技含量高、交通便捷、环境清新而成为农贸旅游之地。各具特色的植物园、动物园和市民公园,融花草树木和艺术建筑小品于一园,更是都市居民观赏和休息的好去处。

三、休闲观光农业的特征

由于休闲观光农业具有农业和旅游业的双重属性,所以它具有以下特征。

1. 生产性

具有农业生产的特点,可以提供绿色和特色农产品,满足人们物质需要。

2. 观赏性

指具有观光功能的农作物、林草、花木和饲养动物等。通过观光活动,使游人获得绿色植物形、色、味等具有浓厚的大自然的意趣和丰富的观赏性。

3. 参与性

让游人参与农业生产活动,让其在农业生产实践中,学习农业生产技术,体验农业生产的乐趣。

4. 文化性

休闲观光农业所涉及的动植物,均具有丰富的历史、经济、科学、精神、民俗、文学等文化内涵,利用这些有意义的文化知识,设计多种多样的休闲观光农业游览项目,增加农业文化知识。

5. 娱乐性

依赖某些作物或养殖动物区修建娱乐宫、游乐中心、表演场,供欣赏和取乐。

6. 市场性

休闲观光农业主要是为那些不了解、不熟悉农业和农村的城市人服务的,休闲观光农业的目标市场在城市,休闲观光农业经营者必须有针对性地、按季节特点开设观赏旅游项目,扩大游客来源。

第二章　休闲观光农业的功能与定位

第一节　休闲观光农业的基本功能

从世界各国与国内各地的发展历程来看，休闲观光农业作为一种农业与旅游休闲服务业有机融合而产生出来的一种新型"产业"，其所承载的基本功能如下。

一、生产功能

休闲观光农业是融合第一产业和第三产业为一体的新型产业，因此其生产功能是第一位的。它不但生产农产品，同时也生产旅游产品；不但生产物质产品，更生产精神产品。休闲观光农业的生产功能具体体现在它能为服务对象提供农产品、农副产品和通过休闲体验所激发的心灵愉悦与升华的精神产品。

二、游憩与保健功能

为人们提供自然清新的休闲场所从事有益的休闲活动，让远离泥土气息的城市居民领略大自然的情趣，品味返璞归真的愉悦，从而解除工作、学习及生活的压力，达到心情舒畅，修身养性的作用。

三、经济功能

改善农业和农村的产业结构，增加乡村居民的就业机会，拓宽农村经济的发展渠道，提高农业和农民的收入。

四、社会功能

加强城乡居民的交流,拓宽乡村居民的人际关系,推进城镇化进程,提升农村生活品质,缩小城乡差别,构建和谐社会。

五、教育功能

通过休闲观光农业活动,人们可以认识农业和农耕文化,了解动、植物生长过程和农业科学知识,分享农业收获的喜悦,体验宁静朴实的乡村生活,激发人们热爱大自然、保护生态环境、造福子孙后代的环保意识和文明行动。

六、环保功能

在经过精心规划设计、建设改造和科学运行管理的休闲观光农业景区环境的熏陶下,促使乡村居民改变不良的生活习惯和仅向大自然索取的生活态度,主动改善环境卫生,提升环境品质,树立维护自然生态平衡的理念,主动参与环境资源保护,达到自然生态环境可持续发展的目的。

七、文化传承功能

通过休闲观光农业的建设与发展,使农村特有的农耕文化、生活文化、产业文化、民俗文化等具有特殊风格的乡村文化得以保留、升华和继承。休闲观光农业着意表现的乡村景观,往往蕴含着它特有的内涵,积淀着久远浑厚的历史和文化,使游人仿佛置身于一幅幅优美的山水写意画中,思古怀旧与诗情画意油然而生,令人心旷神怡。

第二节 休闲观光农业的定位

一、关于休闲观光农业内涵定位的争论

作为一种新兴的经济发展态势，学术界对休闲观光农业的概念至今还没有形成统一认识，存在着休闲观光农业姓"农"还是姓"旅"的争论，这给休闲观光农业的理论研究与实践带来了不利。根据对休闲观光农业概念的研究侧重点不同，可将现行的休闲观光农业概念分为两类。

（一）以"农"为主的休闲观光农业概念

该概念持有者认为休闲观光农业是一种兼具发展农业生产、提高农业经济附加值和保护乡村自然文化景观的农业开发形式。如有学者认为休闲观光农业的本质在于强调农业生产与人、自然诸方面的和谐，是现代农业发展的高级形式。也有学者认为休闲观光农业是一种以市场为导向，以区域优势为基础，以高新示范园区为桥梁，以产业化经营为主线，将直接效益与观赏效益、长远效益与社会效益融于一体的现代农业新体系。

（二）以"旅"为主的休闲观光农业概念

该概念持有者认为休闲观光农业是一种以旅游者为主体、满足旅游者对农业景观和农业产品需求的旅游活动形式。如有学者认为都市休闲观光农业是都市农业生产与现代旅游业相结合而发展起来的，是以都市农业生产经营模式、农业生态环境、农业生产活动等来吸引游客实现旅游行为的新型旅游方式。也有学者将"休闲观光农业"表述为经营者广泛利用农村野外空间的活动，其内容包括传统的农业生产经营活动、农村观光游览以及与之有关的旅游经营、旅游服务等。

现有休闲观光农业的两类概念中，以"农"为主的休闲观

光农业概念比较强调休闲观光农业的农业特性,而以"旅"为主的休闲观光农业概念则比较强调休闲观光农业的旅游产品特征。休闲观光农业的概念和内涵提法很多,反映了不同学者从不同角度对休闲观光农业的理解,这在一定程度上说明了其内涵的丰富性和复杂性。同时休闲观光农业概念的模糊化和泛化,影响对休闲观光农业正确深入地理解,以致在学术研究方面造成了一定的混乱。

二、产业融合——休闲观光农业的本质属性

对于任何事物的研究,把握其本质属性至关重要。休闲观光农业的本质就是一种产业融合。

休闲观光农业是农业和旅游业之间相互融合而成的产物,是以农村景观和农业活动等为吸引物,满足旅游者观光、休闲、求知等需求的一种新兴产业。之所以称为"休闲观光农业",恰好反映了这种产业的双重特征:既有旅游业的观光特征,又具有传统农业的常规功能。它既不属于传统农业,也不属于传统的旅游业,是农业与旅游业之间的产业边界被突破并在某种程度上融合的产物。休闲观光农业的发展必须具备两个产业的一些共同特征和功能,同时也具备农业和旅游业各自不同的特征。

三、基于产业融合的休闲观光农业产生过程

(一)产业融合理论

产业融合是以前各自独立、性质迥异的产业或同一产业内的不同行业在它们的边界处融会成具有共同特性的新型产业的过程。产业融合的本质是一种产业创新,即产业融合蕴涵着新产业的诞生,是一个新产业形成与发展的过程。

按照熊彼特(Schumpeter)的观点,所谓创新,就是"建立一种新的生产函数",即把从未有过的关于生产要素和生产条件的"新组合"引入经济体系。创新包括以下五种方式:①采

用一种新的产品；②采用一种新的生产方法；③开辟一处新市场；④开辟一项新的供给来源；⑤实现一种新的产业组织。有"新熊彼特主义"之称的克里斯·弗里曼（Freeman，1997）在此基础上提出产业创新理论："产业创新是一个系统的概念。包括全方位多层面的创新，涵盖了技术和技能创新、产品创新、业务和流程创新、管理创新和市场创新等多方面。"

产业融合在不同层次有着不同的融合内容和融合形式，这种不同层面上的融合（技术、产品、组织、市场融合）所激发出的各种形式的创新涵盖了费里曼提出的全方位的产业创新，即技术创新、产品创新、组织创新和市场创新。因此，产业融合过程的实质即是一种产业创新，是以产业之间的技术融合、产品融合为手段，以业务、组织融合为过程，以获得融合产品、新的市场和新的增长力为主要目标的一种产业创新。

（二）休闲观光农业的融合过程

1. 技术融合

要求在发挥传统农业生产功能的同时，以旅游者的需求为导向，用旅游业的观念、技术来开发农业，将农业的生产要素如土地、劳动力、资本和知识、技术、文化、休闲产品与服务相结合，对农业进行加工和规划，使之成为适合发展休闲观光农业的现代农业。主要包括以下技术融合途径：

（1）田园生态景观化：运用农业景观学、园林学、美学等理论作为指导，采取一系列的生物技术措施，对原有的农业自然景观、生态景观进行改造和规划，形成能够吸引游客前来观赏、品尝、体验、休闲的路相通、渠相连、林成网、水相映、四季常青的现代田园景观。

（2）生产技术园艺化：以现代农业科技示范园的形式，将农业与生物技术、基因工程、电子技术等多种现代科学技术相结合，在科技引导生产的同时，向游人展示现代科技的无穷魅力,以此为样板示范兼作旅游基地。

(3) 农业劳作休闲化:把农业劳作开发成具有参与性的休闲活动。参与性就是让游客参与农业生产过程(如亲自参加种植、饲养、捕钓、采摘等活动),通过模仿、习作、体验使游客有成就感、满足感,使游人在农业生产实践中学习农业生产技术,在农业生产习作中体验农业生产的乐趣、增长农业知识。

(4) 农业产品旅游化:对初级农产品及其加工品包装成旅游商品,满足游客的购物需求。

2. 产品融合

农业与旅游业融合过程中,获得了不同于农产品和传统旅游服务的新的融合产品,即休闲观光农业具有农旅合一性:一方面具有常规性的农业生产功能,如生产粮、菜、果、药、花、肉、蛋、奶等农副产品,具有自身的产品价值;另一方面还具有为游客服务的旅游观光功能,包括提供观赏服务、品尝服务、购物服务、务农服务、娱乐服务、疗养服务、度假服务等,具有旅游业的基本属性。

根据不同的分类方法,产业融合具有不同的表现形式:

(1) 根据休闲观光农业所依赖的农业资源不同:可以将休闲观光农业分为观光种植业、观光林业、观光牧业、观光副业、观光渔业等。

(2) 根据开发形式不同:可以将休闲观光农业分为观光农园、民宿农庄、农业主题公园、教育农园、民俗旅游。

第三章 休闲观光农业产业模式

休闲观光农业是在传统农业基础上发展起来的融农业和观光休闲为一体的新型产业，构成休闲观光农业的支柱产业，包括第一产业即农业产业（作物种植业、林业、畜牧业、水产养殖业和家庭副业）和第三产业即旅游服务业。

第一节 休闲观光种植业

一、概述

种植业（growing undertaking）是以栽培农作物取得产品的行业，是农业的主体组成部分之一。种植业包括粮食作物、经济作物、饲料作物、绿肥作物，以及蔬菜、花卉等园艺作物的栽培生产。其主要特点是：以土地为基本生产资料，通过人工培育，利用农作物的生活机能摄取、蓄积和转化太阳能，以取得产品。种植业是人们基本生活资料的重要来源，也是农业内部其他部门和工业发展的基础；它为人们直接或间接提供食品和衣着，为发展畜牧业和渔业提供饲料，为工业生产提供原材料。我国是个农业大国，种植业在农业中又占有很大的比重；大力发展种植业，对农业中其他部门和工业的发展，对人民生活水平的提高意义重大。

观光种植业是指以具有观光功能的种植业为资源进行开发的休闲观光农业产业。它利用现代化农业技术、设施和栽培手段，开发具有观赏价值的作物品种和作物园地，展示给游客的既可以是科技含量高、观赏性强的现代化种植业（例如，引进优质蔬菜、瓜果、花卉等观赏性作物新品种，建设农业集锦公园或专类园，反季节作物栽培、无土栽培、智能化温室大棚、组织培养等），也可以是具有鲜明地方特色的传统种植业（例如，一望无际的麦田、黄花如海的油菜地、姹紫嫣红的桃李园等）。

二、休闲观光种植业的类型

观光种植业可根据栽培作物类别（例如，农作物、果树、蔬菜、花卉及其他作物）、栽培技术（例如，传统大种植业、设施种植业、精准型高新科技种植业等）和作物配置栽培方式（例如，特色单一型、立体复合型等）进行分类。下面重点介绍按栽培作物类别分类的主要类型。

（一）休闲观光农作园

可用于此类园：区种植业的作物大多是当地的主栽作物（例如，北方的小麦、燕麦、玉米、高粱、大豆、棉花、油菜、甜菜、向日葵等，南方的水稻、番薯、甘蔗、花生、木薯等），以一望无际的大手笔展现最具魅力的物候景象（例如，开花、结实、收获等），吸引万千异域的游客前来观赏。例如，云南罗平独特的气候，造就了罗平独特的生态农业。每年2—3月，连片的13 333.33hm^{2}油菜花在罗平坝子竞相怒放、流金溢彩，绵延数十千米，好似金浪滔滔的海洋。凡驻足这个最大的天然油菜花海，无不感叹罗平是"金玉满堂之乡"。

再如北京市的"玉米迷宫"，就是利用玉米高秆的遮蔽性，在玉米地中留出道路，只有鸟瞰整块玉米地时才能显现出这些通道组合起来是某种图案，而游客身在玉米地，走在通道中，是不知道出口在哪儿的，犹如在迷宫中行进，充满了探险的意味。由此造出适宜人们旅游观光、休闲度假的"迷宫阵"。它利用农业的特性将旅游业以及拓展训练巧妙地进行结合，让人们在享受自然风光、农业风情的同时再添童年乐趣。此外，通过不同时期作物生长过程的变化，以及每年"迷宫阵"设计方案变换花样，可以吸引大量旅游观光和采摘的回头客。

这类观光农作园创造出赏心悦目，回归自然，休闲度假的优美环境，使市民、青少年在观赏游玩中体验农业文明，接受农耕教育。

（二）休闲观光果园

观光果园是休闲观光农业产业的主力军。在观光果园中，通常是把具有一定特色，栽培历史悠久，品种、变种丰富的果树分区栽培，建立专类观赏园。本书重点介绍观光林果园、果树品种展示园、园艺技艺园、观光采摘园、果树盆景园等。

1. 观光林果园

观光林果园是指有一定规模的果树种植园，少则几十公顷，多则上千公顷，是集园林、旅游、果园生产于一体，将生态、经济、科普、休闲有机结合的大型观光果树种植园。例如，安徽宣城恩龙山庄的千亩银杏园和特色林果园。银杏园一望无垠，气势磅礴，春季里漫山遍野，一片翠绿，处处生机勃发，让人感叹大自然的美丽和生命的美好；金秋时节，又是一片金黄，银杏硕果缀满枝头，给人丰收的喜庆。林果园方圆数十公顷，郁郁葱葱，春华秋实，收获的季节，桃、梨、杨梅等硕果累累，枝头飘香，游人一路观赏游玩，还可以随时品尝到香甜嫩脆、美味各异的新鲜水果，令游客陶醉于回归田园生活之乐趣中。

2. 果树品种展示园

果树品种展示园是指集中展示"新、奇、特、优"种类和新品种的果树种植园。展示园的内容多种多样，例如，在北方地区可利用大棚温室展示少见的荔枝、龙眼、芒果、菠萝、香蕉、火龙果等南方果树，使游客在兴致勃勃地游历南国风光的同时，还能品尝到新鲜的热带亚热带水果；反之，在南方利用冬季或人工气候室使没有到过北方的人也能够见识并亲手从树上采摘和品尝到北方的新鲜果实。此外，特色新品种（例如，树香瓜、钙果、百香果、人参果、蛋黄果、黄金果、福星果、新西兰红梨等）也是展示的内容之一。此类园区有南京虞山宝岩高科技农林生态观光园（杨梅观赏区）、深圳"荔枝世界"、浙江玉环漩门湾休闲观光农业园中的百果园等。

3. 园艺技艺园

园艺技艺园是展示园艺栽培技术、嫁接、修剪的技艺园。采用不同的修剪方法，将果树培育或修剪成与常规生产栽培不同的树形。例如，将传统的球形苹果树冠，修剪成篱笆形、树篱形，反过来把藤本的葡萄、猕猴桃修成无架的自立树形等。还有应用不同的嫁接技术，将不同种类、不同品种的果树嫁接在一起。例如，在梨树上嫁接苹果，在苹果树上嫁接山楂，不仅很有趣味，还是一种寓教于乐的良好的科普教育方式。

4. 观光采摘园

观光采摘园是指以赏花采果为主题的果树种植园。在开花季节，花团锦簇，不仅让旅游者赏心悦目，还可了解果树开花的过程；果实成熟时，游客可以直接入内，享受自己采摘果实的乐趣。观光采摘园深受城市家庭的欢迎，周末或假期，一家老小来到园内，不仅欣赏了田园风光、享受了自采自摘的乐趣，还增进了家庭成员间的感情交流。对生产者来说虽然增加了设施的投资，却节省了采摘和运销的费用，还增加了果品的附加值。在我国许多大中城市附近，这种类型的观光采摘园非常多见，有种类单一的观光采摘园（桃李园、樱桃园、草莓园、柑橘园、葡萄园等）或多种果树和品种汇集的观光采摘园（例如，将结果期不同果树种类或品种合理搭配种植，使观光采摘园一年四季有花可赏有果可摘）。此外，市民还可认养承租自己喜欢的果树，果实成熟期间，承租人可呼朋唤友前往摘采，分享收获的喜悦。

5. 果树盆景园

盆景作为我国传统的园林艺术珍品，深受人们的喜爱。果树盆景是在盆栽果树的基础上，继承和发扬中国传统树桩盆景的造型艺术，用不同的整枝方法（例如，弯枝、引拉枝、盘枝等），使树形按栽培者的意愿生长，经过艺术加工处理，形成观赏价值很高的艺术品。将盆景作为农业观光园中的一个专类园，会给广大游客带来更多的艺术享受，春花玲珑，婀娜多姿；秋果累累，色彩斑斓；冬季疏枝硬骨，挺秀苍劲；而夏季恰值果实发育，枝繁叶茂的时期，青枝碧果，隔日之间又换新颜，极富生活情趣和自然气息。果树在盆景中的应用主要有苹果、樱桃、石榴、桃、无花果、银杏等。另外，生长在深山野岭的野生果树，城市人不常见到，其盆栽利用的价值更高。

（三）观赏蔬菜园

在人们的心目中，蔬菜是指除了粮食以外的可以用做菜肴、烹饪成为食品的其他植物（多属于草本植物）的总称。蔬菜种类繁多，主要有瓜类、绿叶类、茄果类、白菜类、块茎类、真根类、葱蒜类、甘蓝类、豆荚类、多年生菜类、水生菜类、菌类等。近年来出现的观赏蔬菜是利用形状特异、色泽艳丽的品种，以艺术化栽培形式和高科技种植技术，展现蔬菜的观赏功能，造就田园风光的新奇美妙。通常由以下形式出现。

1. 蔬菜花坛

蔬菜花坛是将同期生长的多种蔬菜或不同颜色的同种蔬菜，根据一定的图案设计，栽种于特定规则式或自然式的苗床内，以展现群体美。常用的蔬菜花坛有花丛花坛、组群花坛、模纹花坛、立体花坛等。适宜做蔬菜花坛的蔬菜种类很多，一般只要叶色或花色艳丽，植株高度比较一致的蔬菜均可。例如，甘蓝、花菜、生菜、苋菜、彩色菠菜、牛皮菜等。

2. 豆棚瓜架

豆棚瓜架是蔬菜观光园中的独特景观，是"房前屋后种瓜种豆"传统农家生活的写照。一般用攀缘性强的瓜类或豆类，搭建不同形式的棚架，种植各类形状的瓜、果类蔬菜。例如，颜色形状怪异的南瓜、奇形怪状的葫芦、形状如蛇的蛇豆、果形优美的佛手瓜、开着或红或黄或白或紫色花的各种豆类、果实棱角分明的四棱豆、紫红色荚果的红扁豆、又长又红的彩色豇豆等。中国农业科学院培育的"番茄树"搭架形成巨大冠幅，可谓现代农科奇观，在温室大棚内多年生长，一棵可以结1万多个西红柿，常年挂果，非常壮观。

3. 特种蔬菜观光园

野菜园野菜种类之多、资源之丰富、分布地区之广泛，几乎可与人工培育的蔬菜相媲美。开发野菜类蔬菜园旨在供人们观赏和食用。许多种类的花色、叶色具有很高的观赏价值，且营养丰富，风味独特，其中的很多种类还具有保健和药用价值。习惯了美味佳肴的城里人到观光园观赏的同时品尝或购买野菜已成"食尚"。目前开发种植的野菜有马齿苋、山芹、苣荬菜、蕨菜、苋菜、枸杞叶、蒲菜、人参菜、革命菜等。

水生蔬菜园水生蔬菜大多原产于我国，易栽培管理，常见的有莲藕、千屈菜、蒲菜、豆瓣菜、茭白、慈姑、水芹、水芋、莼菜等。其中莲藕是我国传统园林常用的植物材料；莲藕的花和叶是吸引游客的主角。利用水田、池塘、湖面、低洼地、浅水沼泽地栽植水生蔬菜，构建水乡蔬菜生态农业景观，具有独特的景观特征，更使观赏者增加观赏兴趣。

根茎类特种蔬菜园大多数根茎类蔬菜都有诱人的香味、鲜艳的色泽、独特的形状。袖珍根茎类又以其小巧玲珑、美观可爱，备受人们的欢迎。例如，红色的樱桃萝卜、紫色的铃铛花（特菜桔梗）、洁白的百合花等，它们不但花好看，根茎还有很高的营养价值。另外,紫红色叶子的红芫菁、红色叶子的根甜菜、紫色花冠顶端五齿裂的婆罗门参等都是很好的观赏根茎类蔬菜。

除以上形式外,观光蔬菜园还有特色蔬菜品种展示园、蔬菜盆景园、品种展示园、豆类蔬菜观光园、葱蒜类蔬菜观光园等。

(四) 观赏花卉园

花卉是人类最早自发观赏的尤物,更是当代休闲观光农业的宠儿。观光花卉可以不同的姿态存在,可以单一品种种植卖座(例如,玫瑰园、牡丹园、兰圃、樱花园等),也可以奇花荟萃,百花齐放,四季繁花似锦。

1. 花卉生产种植园

休闲观光农业中的花卉种植园是集生产、观赏、科普、示范栽植为一体的多功能观光农园。一般是在大面积种植花卉的生产企业或绿化苗圃的基础上转型而来。特别是切花生产本身就具有很高的观赏价值。例如,玫瑰种植园、唐菖蒲种植园、热带兰种植园、天堂鸟花种植园等。游览者除了能陶醉于鲜花的海洋外,还可以亲自采摘购买美丽的鲜花及其制品。此外,鲜切花交易场所也可以作为观光的好去处。

2. 花卉教育农园

花卉教育农园荟萃珍稀名贵的奇花异卉,主要以展示花卉品种,栽培技术和生长过程为主题,配上创意无限的造型和场景(例如,观恋花的蝴蝶怎样由毛虫变态而来、勤劳的蜜蜂如何采花酿蜜……),成为青少年流连忘返的极乐世界。中国台湾南投县的台一生态教育休闲农场是花卉教育农园中的精品。

3. 观花草药区

中草药是我国特有的神奇领地,也是休闲观光农业的魅力元素之一。许多观光农园都开辟观花草药区(百草园),景天三

七、蒲公英、桔梗、百合、藿香、谢干等有着艳丽花期的药草是百草园中引人注目的主角。广东三水的侨新农业生态园中的百草园就是典型代表。

花卉除在观光园中的主角地位外，还具有以下作用：①形成乔、灌、草立体种植和自然植物群落的重要组成部分；②宿根花卉管理粗放，景观效果自然，在一定范围内可代替管理精细、耗水量大的草坪；③草本花卉花繁色艳、花期集中，作为园区裸地覆盖物大面积种植时在一定时期内带给人们的巨大感染力是其他植物所不能比拟的。

（五）休闲观光香料饮料种植园

可用于观光种植业的香料饮料种类包括茶、香草类（例如，薰衣草、迷迭香、罗勒等）、香草兰、咖啡、胡椒等。用于休闲观光农业最广泛的有茶园和香草园。

1. 茶

茶（tea）世界三大饮料作物之一，也称茶树，是山茶科（茶科）山茶属植物的泛称。多年生常绿的灌木、小乔木、乔木。茶业与观光旅游的有机结合，可以产生双赢的社会经济效果。中国产茶历史悠久，茶文化源远流长，在长期的实践中形成了包括茶道、茶艺、茶诗、茶书、茶画、茶具、茶饮、茶俗等内容丰富的茶文化，成为中华民族传统文化的重要组成部分。发展观光茶业，可以使传统的茶叶生产过程转变为人类观赏与体验茶事活动的全新过程，使茶业具有生产和观光的双重属性，同时将农事活动和旅游休闲融为一体，实现了第一产业与第三产业的跨越式对接和优势互补。因此，建立生态型观光茶园，既可带动茶业的发展，也有利于旅游业的发展，两者结合必将产生双赢的社会经济效果，对实现茶业的可持续发展有积极的意义。例如，地处广东省梅县雁洋镇境内的雁南飞茶田，是把农业与旅游有机结合，融茶叶、水果的生产、园林绿化和旅游度假于一体的生态农业示范基地和旅游度假村。

2. 香草

香草（vanilla）是香料植物的泛称。香花、香草等香料植物，含有芳香性挥发油、抗氧化剂、杀菌素，不仅可驱蚊蝇、美化环境、净化空气、美化居室，还广泛用于美容、沐浴、饮食及医疗。从香料植物提取的香精油与干燥香料物质，是食品、化妆品、香皂、医药工业的重要添香剂。香草料理、香草饮品、香草疗法等不断应运而生，先是风靡美国、日本和中国香港、中国台湾等国家或地区，现又风行中国内地。在这些国家和地区，有人专门种植供人欣赏的香草园（herbs garden），优雅的环境，散发着各种香草的芳香，令人心旷神怡。

世界上芳香植物大面积种植的地方都成为旅游胜地。法国的普罗旺斯、日本北海道的薰衣草观光之旅已成为世界著名的景点；中国台湾以观光旅游休闲为目的的香草园已遍布宝岛南北。台湾高雄县一个以种植香草闻名的香草园里，种植有百余种欧洲香草。每年冬天薰衣草开花时，那紫色的花海，浓郁的芳香吸引着大批市民前去观赏。用香草调味制作的薰衣草鸡丁饭、香草烤鲈鱼和香草冰激凌、香草沙拉、薰衣草饼干及香草茶等香草食品更是别有一番风味。新疆芳香植物科技开发股份有限公司的"芳草植物生态观光园"是集芳香植物、自然风光、文化、科技、娱乐、旅游为一体的度假区。

用于观光香草园种植的主要品种有：薰衣草（lavender）、迷迭香（rosemary）、罗勒（basil）、薄荷（mint）、香茅（citronella grass）等。

第二节 休闲观光林业

一、概述

林业（forestry）是指培育、经营、保护和开发利用森林的事业，是提供木材和多种林产品的生产，又是维护陆地生态平衡的环境保护工程。发展林业生产，不仅可以为国家建设和人民生活提供建筑材料、工业原料（纤维、树脂、橡胶等）、燃料、木本油料和果品等，而且具有涵养水源、调节气候、防风固沙、保持水土、保障农牧业生产，以及净化空气、减轻或消除污染、美化环境、维护生态平衡等重要作用。

观光林业（sightseeing forestry）是指开发利用人工森林与自然森林所具有的多种旅游功能和观光价值的森林旅游地，为游客观光、休憩疗养、科学考察、文化教育、野餐露宿、探险、避暑、森林浴等提供空间场所，例如，具有观光功能的人工林场、天然林地、林果园、绿色造型公园等。我国具有代表性的森林旅游地有：吉林长白山国家森林公园、云南西双版纳热带雨林、杭州青山湖水中森林、陕西太白山国家森林公园、湖南张家界国家森林公园、海南吊罗山国家森林公园、浙江千岛湖国家森林公园、广西壮族自治区十万大山国家森林公园等。

二、休闲观光林业的主要类型

（一）人工林场（man made forest）

人工林场是人工营造的森林。人工林的经营目的明确，树种选择、空间配置及其他造林技术措施都是按照人们的要求来安排的。主要特点是：①所用的种子、苗木或其他繁殖材料是经过人为选择和培育的，遗传品质和种植品质良好，适应性强；②树木个体一般是同龄的，在林地上分布均匀；③可以用较少的树木个体数量形成森林，群体结构均匀合理；④分布均匀生长整齐的树木个体，能及时地、划一地进入郁闭状态。郁闭后，个体分化程度相对较小，个体和群体的矛盾比较突出；⑤林地从造林之初就处于人为控制下，能适应林木生长的需要。人工林的上述特点，使得人工林有可能比天然更新获得更好的速生丰产优质的效果。为此必须在深入掌握林地环境和林木生长发育等自然规律的基础上，因地制宜地采取正确的造林技术措施。例如，位于中国台湾中部的东势林场，是一个以造林为主的林场，面积有 225hm^2。这里环境清新，果木成林，一派山野情趣，原来主要产木材，收入很低。1984 参照日本"休养林"方法改造东势林场，成为以农业形态经营的游乐林场，正式对外开放。从过去单一生产木材的东势林场，变成了台湾中部高度开发的森林休闲游乐区。由于海拔较高，在改建成休闲农场时，引进了近百种四季花卉大面积种植，无论春夏秋冬，不同的鲜花都会在不同的季节争相怒放，各展风姿。林场内种植的杉树、油桐、枫树、樟树等，井然有序，各蕴其趣。当杉木生机盎然的新绿渐渐变深时，油桐雪一般的白花便在盛夏绽开笑意；当秋风黄叶为山林带来几分萧瑟时，枫树便用一片片红色装扮山林的秋季风情。到了落叶飘零的冬季，林场内的梅林笑迎游客，20hm^2 近 3000 株梅树花开满林，芳香扑鼻，沁人心脾。花的世界、林的海洋，使得东势林场名扬全岛。

（二）天然林（natural forest）

天然林又称自然林，是自然繁殖形成的森林。其特点是环境适应力强，森林结构分布较稳定，但成长时间较长，它有原始林和次生林之分。原始林是未经开发利用，仍保持自然状态的森林；次生林是经人为采伐和破坏后，天然恢复起来的森林。在我国的东北，有一大部分森林属于次生林。

天然林的生物链条完整独立，物种的分布立体而丰富，有较强的自我恢复的能力，物种的多样化程度极高，对环境及气候起到了巨大的作用。天然林经多代演替形成的顶极群落，则具有较高的经济价值。这样的顶极群落，才称得上为原始林，所以天然林包括了原始林和次生林。现存的世界上最著名的天然林有非洲中部热带雨林、南美洲亚马孙河流域的热带雨林、俄罗斯北部的寒带针叶林等。

我国的塞罕坝国家森林公园是典型的天然林观光景区。塞罕坝国家森林公园位于中国河北省承德市围场满族蒙古族自治县北部，是清朝著名的皇家猎苑——"木兰围场"的一部分。北、西与内蒙古克什克腾旗和多伦县接壤；南、东分别与河北省御道口牧场和围场县的4个乡相连。总经营面积9.4万hm^2，其中落叶松人工林和天然白桦林为主的风景林面积7.1万hm^2，草原面积1.5万hm^2，是中国北方最大的国家级森林公园。全园规划6大景区104个景点，风景独具特色，被赞誉为"河的源头、云的故乡、花的世界、林的海洋、珍禽异兽的天堂"，属国家一级旅游资源。

（三）森林公园（forest park）

森林公园是具有一定规模和质量的森林风景资源和环境条件，可以开展森林旅游，并按法定程序申报批准的森林地域。建立森林公园的目的是保护其范围内的一切自然环境和自然资源，并为人们游憩、疗养、避暑、文化娱乐和科学研究提供良好的环境。森林公园内的森林不得进行主伐，但可以进行卫生抚育采伐，以提高其观赏价值。森林公园必须具备以下条件：①具有一定面积和界线的区域范围；②以森林景观为背景或依托，是这一区域的特点；③该区域必须具有旅游开发价值，要有一定数量和质量的自然景观或人文景观，区域内可为人们提供游憩、健身、科学研究和文化教育等活动；④必须经由法定程序申报和批准。凡达不到上述要求的，都不能称为森林公园。

其主要的资源有：①地文资源，包括典型地质构造、标准地层剖面、生物化石点、自然灾变遗迹、名山、火山熔岩景观、蚀余景观、奇特与象形山石、沙（砾石）地、沙（砾石）滩、岛屿、洞穴及其他地文景观；②水文资源，包括风景河段、漂流河段、湖泊、瀑布、温泉、小溪、冰川及其他水文景观；③生物资源，包括各种自然或人工栽植的森林、草原、草甸、古树名木、奇花异草、大众花木等植物景观，以及野生或人工培育的动物及其他生物资源及景观；④人文资源，包括历史古迹、古今建筑、社会风情、地方产品、光辉人物、历史成就及其他人文景观；⑤天象资源，包括雪景、雨景、云海、朝晖、夕阳、佛光、蜃景、极光、雾凇、彩霞及其他天象景观。

我国从 1982 年建立第一个森林公园——张家界国家森林公园，以它神奇的地貌和优美的环境向世人一展森林公园的风姿，标志着我国森林公园建设作为一项事业已经形成，为中国的生态旅游开创了一个成功的范例。我国的森林公园体系分为 3 级，即国家级、省级和县级。为加强森林公园建设、管理，国家林业局陆续制定了一系列相应的政策法规，森林公园建设逐渐步入了法制化、科学化、标准化轨道。随着森林公园建设实践的积累，其社会价值、生态价值和经济价值逐渐为社会各界所认识，建立森林公园的热潮在全国蓬勃兴起。

北京百望山森林公园面积 $200hm^2$，位于颐和园北 3km 处，京密引水渠绕山而过，是距北京城最近的森林公园。百望山是太行山延伸到华北平原最东端的山峰，素有"太行前哨第一峰"的美称。百望山主峰海拔 210m，突兀挺拔，登临主峰，极目远眺京华大地，气象万千，是登高游览的好去处。公园内森林茂密，植被覆盖率高达 95%以上，空气中含有丰富的负氧离子，素有北京城市氧源之称。百望山的红叶更是绚烂多彩，每逢金秋，近 $66.67hm^2$ 红叶林竞相展艳，红得透亮，红得醉人，成为人们赏红叶的绝佳场所。百望山森林公园优美的自然风光与独特的人文景观交相辉映。集教育、体育、艺术、旅游等多种功能于一园，是市民、学生进行爱国主义教育、环保教育、郊野旅游、体育运动的理想场所。

第三节 休闲观光畜牧养殖业

一、概述

畜牧业（animal husbandry, animal agriculture）是指从事家畜养殖为人类提供生活和生产资料的产业。分为饲养业和驯养业。饲养业包括饲养大牲畜（牛、马、骡、驴、骆驼），小牲畜（猪、羊等），家禽（鸡、鸭、鹅等）。驯养业包括驯养鹿、麝、貂、狐、獭等经济兽类。为农业的重要组成部分，与种植业并列为农业生产的两大支柱产业。两大产业，关系密切，相互依存，种植业为畜牧业提供饲料，而畜牧业为种植业提供畜力和肥料。畜牧业充分利用人类不能直接利用的农副产品和草原、草山，转化为乳、肉、蛋等营养价值很高的食物和毛、皮、绒等保温性能极好的衣着原料，对提高人类的生活水平、促进健康起着重大作用。畜牧业为轻工业提供毛纺、制革、食品加工等原料；为国家提供出口物资；为荒僻山区充实运输力量，活跃山区经济。

观光畜牧业是指具有观光性的牧场、养殖场、森林动物园和狩猎场等类型的产业，为游人提供观光和体验牧业生活的乐趣。例如，草原放牧、马场比赛、猎场狩猎、奶牛场挤奶制酪等活动，都是观光畜牧业的主题卖点。

发展观光畜牧业是现代社会的整体发展需要。放眼世界，各地尤其是畜牧业发达国家和地区不断地举办畜牧业文化观光活动。例如，奔牛、赛马、牛文化节、羊文化节等。观光畜牧业既具有丰富膳食功能、动物生产功能、社会生活服务功能、调节生态功能，也具有旅游观光功能、文化功能和示范教育功能等，融生产、生活、生态和示范等多种功能于一体。发展观光畜牧业，一要突出特色，明确观光畜牧业在休闲观光农业中的功能定位和发展方向；二要因地制宜，充分发挥各地的自然资源良好、文化独特、特色畜牧业发达等优势，与城市化进程相结合，开展各具特色的景观观光旅游；三要以丰富的畜牧业科研、教育和技术推广为依托，积极展示国内外优质畜禽品种和现代畜牧业科技。

二、休闲观光畜牧业的主要类型

（一）休闲观光牧场

牧场是放养牲畜的草地。观光牧场是利用广袤草原、牧民新村、草原牲畜等旅游资源，通过科学规划，形成以牧业生产为主，农业观光为辅的休闲农业景观；可开展以下观光旅游项目。

1. 草原观光

草原夏季，绿草如茵、坦荡无际；秋天，风吹草低，牛羊成群，骏马奔驰；极目远眺，蓝天、白云与草原、羊群连成一片，间或传来骏马嘶鸣和牧羊人的口哨，令人心旷神怡、浮想联翩。

2. 牧区生活体验

利用牧民新村和乳制品、饲草饲料加工区、风味美食馆等形成集度假、娱乐和饮食于一体的牧区生活体验项目。例如，宿游牧之家，品牧区餐饮，放牧、挤奶、剪羊毛等民族特色活动和牧民生活体验。

3. 草原竞技

利用天然草场，开展草原骑射、草地摩托车竞技、草原空中历险、草地足球、草地风筝、赛马等竞技活动。

4. 滑草场

滑草场是休闲观光农业娱乐休闲的经典项目，它保持了浓郁的大自然气息。春夏绿草如茵,空气清新,秋冬金黄色的草坪,让您感到煦煦暖意,为都市人提供了一个回归大自然,亲近大自然的好去处。滑草运动不但能锻炼身体,还能解除人们积聚多时的压抑和烦闷,使身心放松,是一项集健身和娱乐于一体的健康运动。目前苏州未来农林大世界、中国台湾走马濑农场和深圳光明农场有此项目。

观光牧场的动物是景观的重要组成部分。动物景观的最大特点是观赏位置的不定性。在保证生产的前提下,对动物合理利用,改善动物生境,提高动物数量等,将会给观光牧场的游憩活动增添许多情趣。例如,山东临沂盛能农牧观光园建于1997年9月,总规划面积133.33 hm^2,目前已构成了特色农牧观光园、现代化乳品生产区、观光休闲区3个景区,建成了天然牧场、鸵鸟和梅花鹿养殖场,以及百鸟园、百花园等12个代表性的景点。在宽阔的天然牧场上,种植着从国外引进的大片的紫花苜蓿和黑麦草,饲养着上千头优良奶牛,游客在这里可以体验牧牛挤奶的情趣,品尝新鲜的牛奶制品。园内饲养鸵鸟有1 000余只,年产蛋4 000多枚;饲养梅花鹿1 200头,是山东最大的梅花鹿养殖基地。园内建有空山鸟语、百鸟朝凤、沙鸥落雁等景点,饲养有丹顶鹤、白天鹅、蓝白孔雀、灰白鹤、大小白鹭、大雁等80余种奇禽珍鸟,并成功地自然孵化出黑天鹅和东方白鹳等国家一、二类保护鸟类,成为山东首家鸟类科普宣传教育基地。园内的生态园酒店更是别有情趣,室内四周奇花异草环绕,景色优雅宜人,游客在这里可以品尝酱香鹿肉、蚝黄鸵鸟肉等特色菜,又可以欣赏天然美景,真可谓是既饱了口福又饱了眼福。

(二)休闲观光畜牧养殖场

观光畜牧养殖场主要特点是游客观赏和亲近家禽、家畜等农家动物,可与之嬉戏。此类项目可以培养游客(特别是青少年)的爱心,培养人与自然和谐相处的情操。比较常见的建设项目如下。

1. 特禽园（鸵鸟园、孔雀园等）

特禽园可以饲养单一或不同的禽类品种。经过驯化，特禽容易与游客亲近。在园里游客可以亲手喂孔雀，与孔雀同舞，学习有关孔雀的知识。通过参与饲养动物，增加农业技术常识。例如，了解鸵鸟的养殖及肉、蛋、皮、毛等深加工工艺。

2. 羊之家

典型的趣味养殖类项目：①在园里喂养小羊，培养游客（特别是青少年）的爱心，培养人与动物和谐相处的情操；②剪羊毛是"羊之家"经典的观赏体验项目，国内外许多观光畜牧场都设有此项活动。

3. 动物竞技场

游客可以与动物（例如小猪、小兔、小牛）亲密接触，可以观看小猪赛跑与杂技表演、龟兔赛跑、斗鸡、斗牛等令人捧腹大笑的节目。

4. 示范奶牛场

让游客与奶牛最亲密接触，喂养奶牛，自行挤奶，与奶牛合影，还可以了解到人们每日喝的鲜奶是怎样的生产过程。例如，深圳光明农科大观园奶牛示范基地。奶牛场是集奶牛饲养、牛奶生产、加工、科普及观光旅游为一体的农业高科技生态园。奶牛直接从加拿大、美国、德国、丹麦、新西兰等先进国家引进；进行全封式管理，在无污染的天然牧场，用农场自产无污染的山水、草料及科学配制的营养饲料进行饲养；从挤奶、输送、冷藏、运输到加工全部采用最先进的丹麦STRANGO公司和瑞典利乐公司的设备进行全密封式生产，整个过程全部实行计算机化、智能化、自动化管理，以确保新鲜卫生。在这里，可以看到汇集了世界上各种奶牛的图片以及生活习性、牛奶营养卫生知识介绍的科普长廊；孩子们可以在少儿绘画区里随意绘画；观赏并体验奶牛饲养过程（亲自给奶牛喂草、喂奶）；品尝纯鲜牛奶；参观自动化挤奶过程、人工挤奶表演和牛奶加工生产线……

（三）森林动物园

森林动物园是开展森林游览、动物观赏、文化娱乐、休闲避暑、野营、科普教育等为主要功能的综合型游乐园。其主要特点是，森林与野生动物共同组成了迷人的农业景观，动物以森林为家，森林因动物而添色，森林是基础。野生动物是森林动物园最重要的生态旅游资源。例如，鸟禽（丹顶鹤、天鹅、白鹳、鸳鸯、金雕、海雕、鸵鸟、孔雀等）、猛兽（老虎、狮子、豹、黑熊、狼等）、大型动物（长颈鹿、河马、犀牛、大象等）、珍稀动物（熊猫、金丝猴等）和爬行动物（蛇、蜥蜴、鳄鱼等）等。园区可设鸟语林，观百鸟风姿，听千鸟歌唱，还可以欣赏精彩的鸟艺表演；猛兽驯养区有动物表演，狮、虎、熊等猛兽大显身手，场面壮观，令人大开眼界，叹为观止，如果您有胆量，可以亲自给老虎喂食；动物散养区的野化训练是为了培养猛兽野外的生存能力，营造猛虎捕食幼弱动物的直观场面，还原野性。

位于小珠山国家森林公园风景区的青岛森林野生动物园，是一处融青山、绿水、动物、人群、自然于一体的高品位生态园区。秋天的森林野生动物园，空气清新，环境幽雅；小桥流水，悬崖飞瀑；湖光山色，相映成趣；自由观光桥蜿蜒于山谷之中，穿梭于丛林之间，游走于猛兽之上。行走在人行观光桥上，看青山绿树，听虎啸狮吼，觅熊迹豹斑，别有一番情趣。园区内散养着263个品种、5 000多头（只）野生动物，其中猛兽区惊险刺激；水禽湖里波光潋滟，成群的鸟禽嬉戏追逐；草食动物区里群兽徜徉。大型动物表演场里有精彩的演出，气势恢宏，场面壮观。各种珍禽异兽在相应的大自然生态环境中自由活动、生息繁衍。园区现有白鸽广场、鹦鹉苑、小动物乐园、跑马场、鸵鸟苑、亚洲动物区、非洲动物区、猴山、孔雀苑、斗兽场、表演场、猛兽区、熊池、禽鸣长廊、熊猫馆等，充分展示了放养动物栖息的自然野性。游客可惬意地人走车行于园区，近距离地和野生动物亲近，体验人与动物共享自然和谐相处的乐趣。

第四节 休闲观光渔业

一、概述

渔业（fisheries）是指捕捞和养殖鱼类和其他水生动物及海藻类等水生植物以取得水产品的社会生产部门。按水域可分为海洋渔业和淡水渔业；按生产特性分为养殖业和捕捞业。广义的渔业还包括：①直接渔业生产前部门，有渔船、渔具、渔用仪器、渔用机械及其他渔用生产资料的生产和供应部门；②直接渔业生产后部门，有水产品的贮藏、加工、运输和销售等部门。

观光渔业（tourism fishery）是利用海洋和淡水渔业资源、陆上渔村村舍、渔业公共设施、渔业生产器具、渔产品，结合当地的生产环境和人文环境而规划设计相关活动和观光的场所，提供给民众体验渔业活动并达到旅游观光、休闲娱乐功能的一种产业；是一种集渔业、旅游、休闲为一体的新兴渔业产业。

二、休闲观光渔业的主要类型

观光渔业是渔业与旅游业紧密结合的新兴产业，打破了渔业生产的单一性，形成了集养殖、垂钓、餐饮、旅游度假于一体的新型经营形式；有以下4种类型。

（一）生产经营型

渔场以渔业生产为主，辅以垂钓等休闲项目的生产经营方式。例如，浙江诸暨市白塔湖渔场休闲园是国有养殖企业——白塔湖渔场养殖产业的延伸。渔场共有水面34hm²，东距绍兴市区38km、北离杭州50km、西毗南方五金城5km、南临珍珠市场8km，水面连接浦阳江，直通杭州湾，地理优势明显，地域经济发达，交通便捷。白塔湖湖中有田，田中有湖，水面33.33hm²，主要是养、繁殖鱼类和珍珠，年产普通鱼类16万kg，特种水产5 000kg。白塔湖水产资源丰富，素有鱼肥、质优、味美之称。白塔湖水面宽阔，风光旖旎，渔场利用养殖区域的苇荡、滩涂建设休闲渔业园，建造20hm²休闲垂钓区。白塔湖渔业园充分利用其独特的地理环境和充足的自然资源，打造一个充满渔业特色的休闲园区。

（二）休闲垂钓型

利用渔场以开展垂钓为主，集游乐、健身、餐饮为一体的休闲渔业。休闲渔场包括休闲养殖渔场和沿岸休闲渔场。休闲养殖渔场在养殖区可开展游泳、水上度假、渔乡生活体验、鱼池垂钓、捉泥鳅、摸蛤蜊、溯溪、野餐、海鲜餐饮、民宿等休闲游憩活动。垂钓是为现代都市垂钓爱好者节假日度假休闲旅游或商贸洽谈提供重要的休闲娱乐活动，是休闲观光农业极具特色的项目；又可以进一步分解为垂钓、渔家餐饮、渔家生活体验、渔村休闲度假等。沿岸休闲渔场可开展岸上及海上的休闲游憩活动，例如，眺望台、奇岩区、露营烤肉、岸钓、亲水活动、定置网、定置渔场、潜水活动、帆船活动、渔村文化活动、渔业文物馆、渔村生活体验、海洋生态环境教育等活动。

（三）观光疗养型

观光疗养是指一些环境幽雅的场所结合周围旅游景点，综合开发水资源，"住水边、玩水面、食水鲜"，既具有垂钓、餐饮，又具有观景、休闲、度假、避暑等综合性功能。例如，北京怀柔虹鳟鱼一条沟位于怀柔县雁栖镇的莲花泉虹鳟鱼养殖垂钓一条沟，泉水清澈。雁栖河 20km 沿岸有百余家集虹鳟鱼观赏、垂钓、烧烤、食宿、娱乐于一体的垂钓园、度假山庄，可同时接待上万人食宿。著名的神堂峪自然风景区就位于虹鳟鱼一条沟内；风景区内有百余家民俗旅游接待户和 30 余家垂钓度假山庄，可同时接待上千人食宿。

（四）展示教育型

展示鱼类为主，集科普教育、观赏娱乐于一体的现代化博览馆。例如，锦鲤池和水族馆。锦鲤池建成后水清鱼漂亮，观赏价值很高，人可以亲近鱼儿，甚至人与鱼可以对话。锦鲤池作为旅游观光也是一道亮丽的水体景观，多数农业观光园都设有锦鲤池。水族馆是指用窗或水下通道等各种形式，以展示海洋鱼类为主，集科普教育、观赏娱乐于一体的现代化博物馆。例如，上海长风公园海底世界、浦东海洋水族馆等。游客可以亲近动物，感受动物，体验惊险刺激。

第五节 休闲观光农副业

一、概述

副业（by work/sideline）是指主业（农、林、牧、渔）以外的其他生产事业。

在中国农业生产中，副业有 2 种含义：一是指传统农业中，农户从事农业主要生产以外的其他生产事业。在多数地区，以种植业为主业，以饲养猪、鸡等畜禽，采集野生植物和从事家庭手工业等为副业。二是在农业内部的部门划分中，把种植业、林业、畜牧业、渔业以外的生产事业均划为副业。后一种含义的副业包括的内容有：①采集野生植物，例如，采集野生药材、野生油料、野生淀粉原料、野生纤维、野果、野菜和柴草等；②捕猎野兽、野禽；③依附于农业并具有工业性质的生产活动，例如，农副产品加工、手工业以及砖、瓦、灰、砂、石等建筑材料生产。

农民从事农业生产，春播、夏耘、秋收、冬藏，哪怕农事如何紧张忙碌，一年里还是有农闲的时间。勤劳俭朴的农民，舍不得让这些空余的时间白白度过，还有妇女多余劳力的充分利用，都必须发展副业生产，才能增加农民经济收入。例如，种席草编草席、烧砖瓦、制粉干做豆腐、养蜜蜂酿蜜、养蚕缫丝、制作手工艺品等，都是农村副业传统的形态。

中国有丰富的副业资源，农民充分利用剩余劳动力、剩余劳动时间和分散的资源、资金发展副业，对于增加农民收入、满足社会需要和推动农业生产发展都有重要意义。副业生产，特别是其中的采集和捕猎对自然资源的状况影响较大。

因此，发展副业时，注意保护自然资源和维护生态环境十分重要。

二、休闲观光农副业

将农村副业的内容加入休闲观光农业园区中，能够极大地丰富休闲观光农业的趣味性、体验性和教育性。与副业相关的具有地方特色的工艺品及其加工制作过程（例如，利用竹子、麦秸、玉米叶等编造的多种美术工艺品；利用椰子壳制作的、兼有实用和纪念用途的茶具；利用棕榈纺织的小人、脸谱及玩具等）、当地农特产品的加工过程（例如，茶叶、木耳、咖啡、胡椒、花椒、枸杞、葛根、莲子等农产品加工过程）和当地特色小吃（例如，制作糍粑、包粽子、草粉面条、香草糕点等）等内容，都可作为观光副业项目进行开发。

第四章 休闲农业的策划

第一节 休闲农业的策划概述

一、策划的概念

我国古代,"策划"又写作"策画"。在《辞源》中,"策划"作"策略、谋略、计划"解,其基本含义是:为未来事项"筹谋献策""筹谋计策"。

国内外学者关于"策划"的定义很多,其中,较有代表性的有以下几个。

周黎民先生认为,"策划,也称作策画,是出主意、想办法、出谋划,它与谋略、创造、运筹、决策紧密相关"。

刘振明先生认为,"策划的含义应该是:为实现特定的目标,提出新颖的思路对策,并制定出具体实施方案的思维活动","策划归根结底是一项创造性的思维活动"。

日本著名策划大师星野匡认为,"所有的策划或多或少都有所谓虚构的东西,从虚构出发,然后创造事实,加上正当的理由,而且要光明正大地去做,这就是策划"。

美国《哈佛企业管理丛书》中的《企业管理百科全书》认为:策划是一种程序,在本质上是一种运用脑力的理性行为。基本上所有的策划都是关于未来的事物,也就是说,策划是按照事物因果关系,衡量未来可采取之途径,作为目前决策之依据。策划是预先决定做什么,何时做,如何做,谁来做。策划如同一座桥，它连接着目前之地与未来要经过之处。

威廉·纽曼（William H. Newman）在《组织与管理技术》一书中认为：一般来说，策划即在事前决定做何事。因此，策划是业已设计妥善的行动路线。

哈罗德·孔茨（Harola Koontz）和希瑞·奥多纳（Cgril Donnell）在《管理原理——管理功能的分析》一书中认为：策划是管理者从各种方案中选择目标、政策、程序及事业计划的机能。因此，策划也就是左右将来行动路线的决策。它是思维的过程，是决定行动路线的意识，是以目的、事实及深思熟虑所做判断的基础的决定。

综合上述观点，可形成这样一种定义：策划就是策略、谋划，是为达到一定目标，在调查分析相关材料的基础上，遵循一定的程序，对未来某项工作或事件进行系统、全面的构思和谋划，制订和选择切实可行的执行方案，并根据目标要求和环境变化对方案进行修改、调整的具有创造性的运筹过程。

根据策划的概念，结合休闲农业策划的内容、特点，休闲农业策划可以这样理解：以休闲农业资源为基础，通过对市场和环境等的调查、分析和论证，整合休闲农业资源，全面构思，创造性地提出执行方案，为以后的付诸实施提供保证，以便使休闲农业资源与市场密切结合，从而获得最佳经济效益、社会效益和生态效益的运筹过程。

休闲农业策划的内容非常丰富，主要包括发展战略策划、形象策划、产品策划、服务策划、节庆活动策划等，其中产业布局策划、体验策划、民俗文化策划、食品安全策划是其特色的部分，也是最主要的内容之一。因此，休闲农业策划必须对农业、农村、农民和无公害生产有一定的了解或掌握一定的相关知识。

二、休闲农业策划的基本任务

我国休闲农业发展时间尚短,目前存在盲目占地,资源浪费;盲目建设,遍地开花;管理不善,环境超载;档次不高,缺乏特色等问题。这些问题究其根源在于项目在建设之前策划得不合理性和规划得不切实际性,有的项目甚至没有进行过策划和规划就仓促上马。

休闲农业策划的基本任务有以下几方面。

(1) 通过深度研究和创造性思维,进行准确定位。具体定位包括目标定位、功能定位、市场定位、主题定位和形象定位。

(2) 农业产业策划,包括农产品生产策划、农产品体验策划、营销策划等。

(3) 营销策划。建立核心吸引力和核心竞争力,形成独特的休闲农业产品形态和营销行动计划,为休闲农业具体规划和单体设计奠定基础、指明方向。

(4) 体验项目策划。休闲农业的核心是体验,结合资源合理安排体验项目,对后期的经营有很大的影响。

(5) 食品安全生产、休闲养生项目策划。结合休闲农业的特点,充分挖掘当地原始的、生态的资源,进行休闲养生项目策划。

三、休闲农业策划的特点与原则

(一) 休闲农业策划的特点

1. 突出养生、食品安全理念

休闲农业是休闲的场地,是人们追求健康、追求自然,在轻松、充满乐趣的环境下与人交际、修身养性,以实现个人人生目标的场所,食品安全是前提,养生理念是其最突出的目标。

2. 体验为先

休闲的核心是体验,休闲农业作为休闲产业,由于其自然环境优美、地域广阔、有着传统的耕作、民俗文化内涵,是城市市民、不从事农业生产者最理想的体验场所。

3. 内涵丰富

休闲农业园区第一功能是农业的生产及经营,第二功能是提供不同消费人群来园区接受科普教育、学习、体验和休闲游乐等活动。要根据园区规模,不断引进与主题相匹配的新品种、新技术、新模式和与人们体验农业相关的科技活动、农事活动、工艺制作及民俗礼仪等项目,以及配备满足人们吃、住、行、游、购、娱需求的项目。

但是,休闲业是一个具有广泛含义的综合性行业,一个休闲农业园不可能把广义的大农业都做出来,而是要针对本地实际,满足休闲需求进行筛选并正确定位。园区主题多样,可以是体现农业的新内涵和多样化,体现农业的文化、艺术和环境的优美,也可以突出体现农业特色和某方面的专业水平,或以本地特产或特色品种为招牌,以自己的专业技艺为竞争砝码,形成专一性的主题农园。

4. 布局美观,凸显艺术

布局美观,凸显艺术,主要是指休闲农业园区的规划布局、建筑设施、生产设施、水系、道路的设置要合理美观。休闲农业园区体现的是可观赏性,要求对园区的每一座建筑、路边设施、栽培设施、养殖设施、配套功能性设施都要赋予其艺术性,让休闲农业园区成为农业的艺术之园。

5. 突出文化

不同地区,不同项目,都应有其文化定位,休闲农业园区是要体现地域文化、民俗文化、农业文化、与主题完全匹配的文化,还是各种文化兼而有之,需要在园区规划伊始就清晰明确。这需要策划者对相关文化进行系统了解、深入调查、研究提炼，形成园区文化特点。

6. 展示科技

采用现代科技手段进行作物栽培的相关技术和模式也是休闲农业园区建设的重要内容。因此，策划是要注意采用现代农业新技术、新设施、新产品和全新的管理手段，还要注意把各种环保节能新技术运用到园区生产、生活的各个领域，实现园区管理与生产的现代化。

7. 生态和谐

休闲农业园区虽然不是纯生产的农园，但也避免不了自然和农作物生长的季节性演替而形成的景观差别，要尽可能采取多种植物、多种栽培手段、多种有利于生态循环的技术进行种植和养殖设计，达到生态和谐目的。

(二) 休闲农业策划的原则

(1) 统一规划、分步实施、重点突出、合理布局、因地制宜原则。

(2) 社会效益、经济效益、环境效益统一原则。

(3) 优化资源配置与兼顾公平原则。

(4) 坚持品牌提升与主题形象塑造原则。

(5) 坚持地方文化继承与发扬，与时俱进，开拓创新原则。

(6) 容量控制、环境保护与持续发展原则。

(7) 协调可行与非城市化过程原则。

(8) 投资主体多元化与资本积累原则。

四、休闲农业策划的基本思路

休闲农业策划，以满足休闲农业游览观光的功能为出发点，按照以人为本的原则，体现人与自然和谐相处，社会、经济、生态协调发展，突出特色，培育亮点，形成规模，做出品牌，持续发展。具体策划思路如下。

1. 依托田园和生态景观

乡村田园生态景观是现代城市居民闲暇生活的向往和旅游消费的时尚，也是休闲农业赖以发展的基础。因此，在休闲农业项目选址时，要考虑以周边优美的农村生态景观为衬托，与拟建项目特色相匹配；在项目规划时，要以农业田园景观和农村文化景观为铺垫，选择林木、花卉、蔬菜、水果等作物、高新农业技术和特色农村文化作为规划的基本元素；在项目建设时，既要对乡村凌乱、无序、不整洁的环境面貌进行必要的改造，又要注意保护农村生态的原真性。

2. 重视休憩和体验设计

休闲农业的客源，在节假日，主要是近距离城市休憩放松的上班族；在上班时间，主要为退休人员及进行业务洽谈和会议的工作人员。去休闲农业园区，已经逐渐成为不少城市居民的一种生活方式。因此，项目策划成功的关键之一是如何处理"静"和"动"，即养生休闲和运动休闲的关系。"静"是要提供恬静休闲的空间和场所，"动"是有娱乐游憩或农事体验，要做到"动"的项目寓于"静"的景观之中。这样既能满足城镇居民渴望回归自然、放松身心的基本需求，又能满足城镇居民科学文化认知的需要，还能延长游憩时间、增加二次消费。

3. 挖掘民俗和农耕文化

休闲农业园区长期持久发展要在丰富观光休闲农业的文化内涵上下功夫，深入挖掘农村民俗文化和农耕文化资源，提升园区文化品位，实现自然生态和人文生态的有机结合。例如，传统农居、家具，传统作坊、器具，民间演艺、游戏，民间楹联、匾牌，民间歌赋、传说，名人胜地、古迹，农家土菜、饮品，农耕谚语、农具等，都是休闲农业项目策划中可以开发利用的重要民俗和农耕文化资源。

4. 突出特色和主题策划

突出的园区特色是休闲农业产品的核心竞争力，主题是休闲农业产品的核心吸引力。要认真摸清可开发休闲农业资源情况，分析周边已建及拟建休闲农业项目的特点，巧妙利用不同的农业生产与农村文化资源营造自身园区特色，进行主题策划。例如，成都市锦江区三圣乡的"五朵金花"都以市民休闲、农业观光、棋牌娱乐为主线，各村因地制宜，错位发展，一村一品，包括西南民居和现代花卉科技为特色的花乡农居，中国梅文化为内涵的幸福梅林，中国荷文化为内涵的荷塘月色，中国菊文化为内涵的东篱菊园，中国农耕文化为内涵、农事体验为特色的江家菜地。在此基础上，根据 5 个项目的共性和各自特色，创造性地策划出鲜明的主题形象——"五朵金花"。

5. 突出养生和食品安全策划

目前把食品安全策划作为核心的内容之一，长期策划要结合环境改造、保护，把养生疗养作为策划的基本目标去安排。

五、休闲农业策划的策划要点

（一）休闲农业项目的选址标准

1. 比较优越的地理位置

休闲农业也是旅游业的一个分支，区域的选择要考虑自身特色、服务对象和交通条件，一般休闲农业园区规划区位选择可考虑以下几个方面。

（1）大中城市郊区。休闲农业园区需要建立在以经济发达的大中城市为依托的区位模式上，因为大中城市居民的收入水平、闲暇时间及休闲意识决定了休闲农业园区的经营状况。

（2）特色农业基地。农业基础比较好，有丰富的生产经验。

（3）著名旅游风景区附近。可利用旅游景区的客源市场或者直接将农业园纳入旅游景区之内。

(4) 度假区周围或度假区内。利于游客长时间停留，并且可以开发深度农业体验。

(5) 优越的交通条件。

(6) 少数民族聚集区域。少数民族聚居区民族特色突出，"异域风情"是吸引游客的主要因素。

2. 优美的自然生态环境

环境状况是否良好直接决定了旅游者是否对该地区感兴趣，自然生态环境优美是休闲农业项目建设的前提。

3. 农业生物资源优势或独特的地方文化

资源的优势是区别于其他资源和决定其休闲农业产品是否优越的重要条件；地方文化的独特性能真正长期保持休闲农业旅游资源的鲜活和吸引力。

4. 典型的"生态、立体"农业

"生态、立体"农业是现代科技发展的必然道路，也是展示高科技农业的重要条件。

（二）休闲农业产品结构建设

1. 乡村旅馆

根据休闲农业园区规模、大小的不同，园区可以安排不同类型、不同档次的住宿设施以吸引游客。在我国现有的休闲农业园区建设实践中，除了以农家乐形式出现农户单独提供的住宿外，也有一些乡村果园、农庄。

2. 餐饮与商业

数量多、品种丰富的购物店能增强旅游氛围；餐饮设施可以设置在旅馆内，也可以单独布局在游览线路上，不可避免地给园区的环境和生态带来过大的负面影响。

3. 休闲娱乐

休闲活动趋向于参与性、运动性、趣味性、科学性等。园区根据景观特色配置各类游憩设施，吸引更多游客，延长游客停留时间，增加二次消费。

4. 旅游辅助设施

结合园区特色与游人使用特征规划设计标牌系统是体现园区整体风格及人性化设计的重点。另外，完善医疗设施，保证园区正常运行。

5. 休闲农业旅游纪念品

最容易忽略的问题就是休闲农业旅游纪念品的设计。具有地方特色的纪念品可以成为园区的绝佳宣传品。

6. 安全食品生产

选择适当的生产环境，或借助一定的设施设备，生产符合国家规范的安全食品，并注册商标，打造安全食品品牌。

（三）乡村文化和生态环境的保护利用

发展休闲农业要注意对当地环境及民风、民俗、乡土文化的保护，切忌为了短期的经济利益而牺牲当地的资源、环境，影响地方的长远、持续发展。在外来文化和现代文明的冲击下，许多通过发展休闲农业而致富的农民在开发新的产品时往往忽视地方特有的文化内涵和价值，追求城市化的生活方式，反而使游客感觉失去了原有的味道。

六、休闲农业策划的一般程序与内容

1. 现场踏勘及资料收集

现场踏勘和资料收集的主要内容包括：气候、日照、水文、降水、土壤条件、地形地貌、环境污染、人口、劳动力、经济条件、交通条件、农业生物资源及重大农业产业项目、旅游资源及周边旅游项目、休闲农业资源及周边休闲农业项目，还包括所在区域城乡建设总体规划、土地利用规划、新农村建设规划、农业规划、旅游规划等相关的规划文本和图件及测绘图、土地利用现状图等图件。

2. 现状分析与 SWOT 分析

根据踏勘和资料收集的情况，对园区条件、观光休闲农业资源、已有的休闲农业项目、休闲农业发展环境进行分析和评价。SWOT 分析是确定观光休闲农业项目的竞争优势（strength）、竞争劣势（weakness）、外部环境的机会（opportunity）和外部环境的威胁（threat）。根据内部的优势、缺陷及外部环境，了解本项目面临的机会和挑战，为本项目的战略定位提供依据。

3. 目标确定和战略定位

在调查—分析—综合的基础上，提出休闲农业园区的发展定位和功能定位。发展定位包括功能定位、形象定位、主题策划、市场定位、发展目标定位。功能定位就是围绕"吃、住、行、游、购、娱"旅游六要素，结合观光休闲方式，确定园区主题，如休闲娱乐型、观光观赏型、农事体验型、疗养度假型、民俗节庆型、会议餐饮型等；形象定位就是根据项目的特点，导入人们熟知的人文、生态、生物、科技的形象概念，提出独特清晰、引人入胜的主题；市场定位就是分析确定目标市场和目标客源，并按照功能区、营销时序、客源类别构造三维营销战略框架；发展目标定位就是某一发展时期及其分时段的游客量、销售额、利润等目标。

4. 分区策划和单体设置

功能分区要根据农业生产布局、资源差异和游客观光休闲的要求确定，每个功能区要有一个形象定位，确定一个主题，同时要对每个功能区的重要单体进行策划。对标志性单体如雕塑小品、园艺、建筑、牌坊等进行初步设计。休闲农业园区在策划阶段要绘制功能分区图，并附上各分区标志性单体效果图。

5. 营销策划和节庆安排

营销策划包括品牌策划、宣传策划、促销策划等。促销策划包括促销策略、节庆等促销活动的安排、针对不同目标市场和目标客源的具体促销方案等。节庆活动往往是推广休闲农业产品的重要形式，是吸引旅游者、树立旅游形象、提高知名度、增加客源的重要手段。节庆活动要围绕主题开展，表现形式要活泼，实行市场化运作，将节庆活动与休闲农业推广、农产品销售、企业宣传结合起来，如桃花节、葡萄节、"某某某"杯龙舟赛等。

休闲农业策划内容还包括融资策划、招商策划、管理策划、保障策划等。

七、休闲农业策划文本撰写

因项目特点、策划者风格不同，休闲农业策划文本之间有一定差异，但大体框架基本相同。

（1）总论。立项背景、开发意义、策划依据、策划区域范围和建设期限等。

（2）资源条件现状和社会经济基础评价。自然条件、社会经济条件、交通条件、农业生物资源、农村文化资源、产业基础等评价和 SWOT 分析与问题诊断等。

（3）客源市场分析与市场开发策划。市场需求、客源现状、市场分析与定位、市场开发思路与方案。

（4）战略定位和发展目标。发展方向（功能定位、形象定位、主题定位）、产业链动力结构、发展目标和阶段目标。

（5）功能分区和空间布局。功能分区（附分区布局图）、各功能区定位（功能定位、形象定位、主题定位）、各功能区建设项目（单体）、各功能区农业产业或农村人文景观配置。

（6）重点观光休闲项目。重点建设项目、农业产业或人文节点配景项目、标志性单体的形象设计和功能策划（标志性单体附效果图)。

(7) 旅游要素策划。交通策划、导游队伍策划、住宿业策划、餐饮业策划、娱乐策划、旅游商品策划和农产品购物策划。

(8) 建设分期和动态开发。总体建设期限,各功能区和重点项目建设步骤和开放时间、功能区间、重点项目间的时间衔接方案。

(9) 观光休闲线路设计。内部观光休闲游线路及交通方式,附近城乡居民入园观光休闲游线路及交通方案,本观光休闲农业项目与其他观光休闲农业项目、旅游项目和旅游线路的衔接方案。

(10) 营销策略与促销方案。品牌策划、宣传策划、促销策划。

(11) 投资估算和资金筹措。建设资金、流动资金估测(附分区、分项目投资概算表),资金筹措方案,招商策划。

(12) 经济效益和社会效益预测。直接经济效益(附按功能区、按赢利项目的效益预测表)、社会效益(城乡就业、农民增收、土地增值、区域经济开发、相关产业带动、人才培养等)、生态效益(农村环境改善、污染治理)和环境评价。

(13) 风险评估和对策措施。自然灾害风险、市场竞争风险、政策变化风险、规避风险的对策和措施。

(14) 管理体制和保障机制。项目的管理体制、管理组织架构、人才保障、项目推进机制和组织保障(政府、投资企业)、政府政策建议。

第二节 休闲农业发展策划

应该注意到,要保障生态休闲农业长期发展,还需要从供应链的多个方面加强管理,才能保证休闲农业持续增值。

一、全局上整体规划

要想发展好休闲农业，避免盲目发展，政府部门要从全局的角度做好整体规划，因地制宜、合理布局，统筹区域规划，做好休闲农业产业规划。政府应以信息平台建设为重点，突出地方农业特色，做好项目策划与指导、加强基础设施建设、构建较为完善的交通网络，将休闲农业发展与乡村特色农业、农村民俗文化等形式结合起来，加强产业联动与部门融合。对于具有发展潜力的农庄或乡村，加大休闲农业政策扶持力度，给予资金支持和相应的优惠政策，同时构建比较完善的准入机制和行业标准。

二、绿色供应链管理

对休闲农业的发展，在供应链管理的基础上，增加环境保护意识，形成绿色供应链管理，对农产品生产流程进行生态设计，增强供应链各节点间的合作，充分合理利用资源，把对环境的污染降到最低，以保证绿色农产品的质量。通过对休闲农业进行绿色供应链管理，自觉注重整体环境的优化和美化，增强民众珍惜资源、爱护资源、保护环境的自觉性。绿色供应链管理考虑了供应链中各个环节的环境问题，既保证农业生产、农村生活环境的持续改善，又保证休闲产业发展、国内经济增长的良好势头，成为解决"资源、环境、人口"三大问题的一种先进企业管理模式。将绿色贯穿于整个生态休闲农业产业供应链中，实现无污染、无废弃物、无不良杂质、无副作用，促使休闲农业发展成为一种用之不竭的绿色资源、绿色生态的良性产业形态。

三、资源有效整合

休闲农业发展运用供应链管理理念中的资源整合理念。以市场需求为导向,将供应链上的各个环节有机整合,对自身资源因素进行分析,优化资源配置,着力于将产业链的上下游培育成一个良好的共生体系,降低发展过程中的共同障碍,最大限度地获取共同发展能量,实现其规模化和多样化的企业发展途径。

四、推动休闲农业园区建设

为了有效推动休闲农业发展,还可以通过促进休闲农业园区的建设来实现。休闲农业园区是休闲农业发展的核心模式,满足市场激涨的需求,休闲农业园区既是提供健康安全和愉悦的农产品的所在地,又是现代人美好的精神家园,这种"生产+生活+文化+休闲+生态"性质的农业生产经营形态,既能够满足人们对农产品的需求,又可达到提高农民收益与繁荣农村经济的目的,更重要的是能够使人们过上一种健康、安逸的休闲生活。

五、做好主题构建与特色休闲服务

休闲农业不同于一般类型的农业,休闲农业的发展态势必须根据各区域的自身资源、条件,发展独具自身特色和优势的农业产业项目。例如,以民俗体验和生态休闲相结合,旅游观光和农业耕种体验相结合,以环保医疗教育为主题等,体现地方农业文化特色,突出本土乡村文化,构建主题鲜明生态休闲农业,促进休闲农业长久发展。

休闲农业还具有服务性,服务水平的高低是关键要素。因此要提升服务开发,强化相关工作人员的服务意识,提高服务质量,强化软环境,提高对核心顾客群的吸引力,培养出核心顾客的忠诚度,提升竞争力,从而达到增收的目的。

六、营销有"道"策略

应树立现代经营观念,正确分析市场环境,制订正确的经营战略,识别和把握市场机会,按市场需求组织产品的生产和供应,满足消费者的现实需要与潜在需要,促进资源配置优化,改善经营管理,提高管理水平和工作成效,增强应变与竞争能力,提高生产效率,更好地确立竞争优势,增强企业市场竞争力。为扩大游客市场,要增加营销投入,加大宣传,带动消费,充分挖掘可观的潜在客源市场。对已形成的行业协会或合作组织,还可共同出资利用多种媒体平台,广泛开展对休闲农业的宣传推介。利用农村节庆日、各种民风民俗文化节、创意农业展览会、短期免费体验、团体观光旅游等活动进行宣传。

第三节 休闲农业品牌形象策划

一、品牌与品牌形象

(一) 品牌的含义

品牌一词的英语为 brand,这是国际上通行的、最核心的统一用语,相关领域无论在公司的实际运作中,还是理论学术界,都以它为基础。

市场营销专家菲利普·科特勒(Philip Kotler)认为,品牌是一种名称、术语、标记、符号或图案,或是它们的互相组合,用以识别某个销售者或某群销售者的产品或服务,并使之与竞争对手的产品和服务相区别。

品牌策划人梁中国:"品牌是凝聚着企业所有要素的载体,是受众在各种相关信息综合性的影响作用下,对某种事物形成的概念与印象。它包含着产品质量、附加值、历史,以及消费者的判断。在品牌消费时代,赢得消费者的心远比生产本身重要，品牌形象远比产品和服务本身重要。"

品牌策划人陈放在其著作《品牌学》中解释："品牌"是企业或品牌主体（包括城市、个人等）一切无形资产总和的全部浓缩，而这一浓缩又可以以特定的形象及个性化符号来识别，它是主体与客体、主体与社会、企业与消费者相互作用的产物。

（二）品牌形象的含义

品牌形象是一个综合性的概念，是营销活动渴望建立的，受形象感知主体主观感受及感知方式、感知前景等影响，而在心理上形成的一个联想性的集合体。品牌形象是一种资产，品牌形象应具有独特个性。它是企业的某个品牌在市场及社会公众心中所表现出的个性特征，体现消费者对品牌的评价与认知。品牌形象与品牌不可分割，形象是品牌在消费者心智中表现出来的特征，反映了品牌实力与品牌实质。品牌形象由消费者评价，使之成为赢得消费者忠诚的重要途径。

（三）品牌形象的构成内容

品牌形象分为内在形象和外在形象。内在形象主要包括产品形象及文化形象；外在形象则包括品牌视觉识别系统形象与品牌在市场、消费者中表现的信誉。

1. 内在形象

产品形象是品牌形象的基础，是和品牌的功能性特征相联系的形象。潜在消费者对品牌的认知首先是通过对其产品功能的认知来体现的。一个品牌不是虚无的，而是因其能满足消费者的物质的或心理的需求，这种满足和其产品息息相关。奔驰牌轿车豪华高贵的品牌形象首先来自于它是安全、舒适、质量一流的轿车。当潜在消费者对产品评价很高，产生较强的信赖时，他们会把这种信赖转移到抽象的品牌上，对其品牌产生较高的评价，从而形成良好的品牌形象。

品牌背后是文化，每个成功品牌的背后都有其深厚的文化土壤,都有一个传达真善美的故事。"麦当劳"3个字所包含的不仅仅是香脆的薯条、美味的汉堡包和清新爽口的冰淇淋,也不仅仅在于其干净舒适的环境、周到细致的服务,更在于它所代表的美国快餐文化,它所体现的现代生活方式。

2. 外在形象

通过品牌视觉识别系统所体现出的外在形象使消费者及社会公众对品牌有一个更加完整的认知与评价。品牌视觉识别系统包括品牌名、商标图案、标志字、标准色及包装装潢等产品和品牌的外观。社会公众对品牌的最初评价来自于其视觉形象,是精致的还是粗糙的、温暖明朗的还是高贵神秘的……通过品牌视觉识别系统把品牌形象传递给消费者是最直接和快速的途径。尤其是在现代社会,产品极大丰富,新产品的推出也令人目不暇接,一个品牌只有先抓住消费者的视线,才可能进一步抓住他们的钱包和心。

二、休闲农业品牌

目前,全国各地都在花大力气发展休闲农业,争夺客源市场的竞争非常激烈。各休闲农业开发区域和企业必须注重景区资源特色和文化的挖掘与包装,通过科学规划、精心设计,开发具有区域特色、与乡村环境相协调、具有品牌效应的农业休闲目的地。从促销理念、促销手段、促销方法等方面不断创新,创造出自己特有的、稳固的旅游形象,扩大目的地影响,营造良好的名牌,才能不断吸引旅游者的注意力,提高到访率和重游率,构建各具特色、各成规模、各有形象和口碑的休闲农业品牌。

休闲农业的发展应该顺应品牌时代的潮流和趋势,锐意创新,坚持以人为本的旅游哲学思想,创造出消费者认可的品牌,以品牌架构起产品与消费者心灵对话的桥梁,以品牌文化的力量感召自然与人的心灵之约,最终创建天人合一的和谐旅游休闲空间，从而提升休闲农业产品的核心竞争力，在激烈竞争的市场中占有最大份额。

休闲农业品牌化，是指目的地通过打造具有知名度和影响力的品牌，凸显当地休闲农业的竞争优势，从而更有效地推出休闲农业产品的一种发展战略。休闲农业品牌化要求休闲农业企业或区域把资源优势转变为经济优势，必须以市场需求为导向，充分利用当地资源，全面规划，合理布局，打造自己的品牌。例如，番禺的"绿野乡风化龙农业大观园"、深圳的"海上田园"、高要的"广新农业生态园"、三水的"荷花世界"等都是既有品位又有创意和形象的休闲农业品牌。

从普遍的意义上来看，休闲农业品牌具有两种基本的形式：休闲农业公共品牌和休闲农业企业品牌。

休闲农业公共品牌是相对一个区域而言的，它并不为某一个特定的企业所独占，而是为该地区所有的企业所共享。

公共品牌具有公共产品的特性，在一个有良好公共品牌的地区里，企业品牌都可以从公共品牌中获益，而公共品牌的培育是需要政府及所有受益企业共同努力的。由于休闲农业的地域性，此地区的公共品牌不可能为彼地区所使用，从这个意义上说它依然具有排他独占性。以湖南省为例，"益阳农家乐"就是一个休闲农业公共品牌。而休闲农业企业品牌与企业利益相联系，是在地区品牌基础上的丰富与完善，休闲农业产品作为一种服务产品，与其他实物产品相比，其品牌更多地与企业相联系，原因在于休闲农业产品是一组使用权利的组合，品牌与所有权是分离的。因此在一定意义上，企业品牌是公共品牌的个性化，与企业关系更密切。同样以湖南为例，"长沙休闲旅游"是一个休闲农业公共品牌，而"浩博农庄""千龙湖生态旅游度假村"等农家乐品牌，则是一个个企业品牌。

（一）休闲农业公共品牌铸造

休闲农业公共品牌的形成，有一个培育和成长的过程，公共品牌的培育是需要所有受益企业共同努力的。

1. 政府引导、鼓励相关主体成立休闲农业品牌管理委员会

品牌的建设是一个系统的动态过程，包括品牌定位、品牌的培育和创造、品牌创新、品牌管理和品牌营销，因此需要政府对品牌建设进行系统规划。政府可建立区域性的休闲农业品牌管理委员会，制定政策，编制规划，进行基础设施建设投入，引导行业协会的成立和运行，协调区域休闲农业的发展；在休闲农业品牌管理委员会的积极引导下，行业协会从维护成员利益、规范成员行为方面进行约定，同时，可采取有利于各成员的共同行为。区域性的休闲农业品牌管理委员会和休闲农业协会相互配合，共同促进休闲农业公共品牌的成长壮大。

2. 维护市场秩序，为休闲农业品牌营造良好发展环境

由于休闲农业品牌具有公共产品的属性，创造休闲农业品牌要有好的管理机制，使各方面有创造品牌的内在压力和长远动力。这就需要在政府的领导下，创建良好的休闲农业品牌建设的发展环境。

3. 开拓资金投入渠道，增加建设资金保证

休闲农业品牌建设需要一定的资金支持。目前困扰品牌建设的一个突出问题是资金不足，影响了休闲农业品牌的发展。政府对休闲农业品牌建设投入不足的原因在于没有经常性的投入来源。因此，政府可通过收取旅游税、建立休闲农业发展基金等方法增加休闲农业品牌建设的资金。

4. 树立休闲农业整体品牌形象

政府利用各方面的条件充分展示整体休闲农业旅游品牌形象。政府可有计划地开展市场调研活动，确定目标客源市场，针对客源市场进行一系列的推介活动，集中传播本地休闲农业信息，整体推介休闲农业旅游品牌形象。在广告促销方面，可根据实际情况量力而行地利用电视、报纸等大众传媒，进行广告促销,同时,在主要的交通口、主要景区、市中心、车站、机场等地设置标牌,投放广告,确保游客通过各种渠道获得和强化休闲农业品牌形象信息。在公关方面,政府一方面可有计划地举办切合主题的节事活动,对区域休闲农业品牌进行集中推展;另一方面又可组织代表团积极参加省内外、国内外的旅游展销团、交易会,进行休闲农业品牌发展的交流,展示当地的休闲农业品牌形象,提高知名度。

(二) 休闲农业企业品牌的塑造

企业品牌属于单独的企业,其品牌的运作直接关系到一个企业的生存与发展,它不同于公共品牌,它没有明确的权属界定,因此,企业品牌的运作不同于公共品牌的运作。

休闲农业企业提升品牌的途径有很多,但有一条原则是不变的:必须以品牌的目标市场为导向。在以目标市场为导向的前提下,休闲农业企业品牌的运作主要包括以下两个方面:第一,在产品方面,要积极优化休闲农业产品设计,形成独具特色的休闲农业产品;此外,还要不断推出休闲农业组合产品和特种产品,延伸企业品牌的内涵。例如,以体验渔家生活为主的休闲农业产品,可以设计让休闲者坐渔船、参与垂钓和捕捞、驾驶渔船、学习织渔网、烹制水鲜、品尝水鲜、对渔歌和观渔火等,广泛体验渔家生活的乐趣和风情。第二,在营销方面,企业要开展休闲农业产品促销活动,可利用各种节日,举办各具特色的中小型节庆活动,丰富产品形式,吸引游客,提高本企业休闲农业产品的知名度;在特别纪念日举办优惠活动;通过报纸、网络等建立立体的信息传播渠道,针对目标市场有计划地派发本企业休闲农业产品宣传册,方便消费者获取企业品牌信息;借助名人和公众人物进行促销,强化品牌形象。与此同时,企业应积极参与和配合目的地开展的各种形式的品牌营销活动,促进区域休闲农业品牌的成长壮大。

(三) 休闲农业品牌延伸

品牌延伸是对整个品牌资产的策略性使用，经品牌延伸后，不同的产品彼此共享同样品牌的意义，新产品更能够凭借品牌获得竞争优势。目的地公共品牌和企业品牌要顺利地延伸到其他企业或产品类别，首先必须让消费者深信品牌的延伸在逻辑上是合理的，也就是说原有的品牌资产能够转移到新的产品上，这就需要探索目的地公共品牌、企业品牌与延伸对象之间的有机联系。例如，澳大利亚的重要出口产品雪橇就借助了澳大利亚的户外高山休闲旅游地的著名品牌；雪铁龙汽车公司在其广告中宣传法国的绚丽风景和时尚生活象征其汽车的豪华舒适，而这些正是旅游经历中所能体验到的。

品牌延伸是在核心产品或企业累积足够品牌资本的前提下开展的，在特定市场品牌形象不牢固，即不具备品牌延伸的条件，或者即便是具备了延伸条件，在进行品牌延伸时，也宜慎勿滥，不可脱离品牌的主体形象，应一以贯之地捍卫主导产品和企业的核心价值。

休闲农业品牌建立后，可不断扩大品牌的使用范围，围绕旅游的"吃、住、行、游、购、娱"六大要素，实现旅游生产力要素的产业化，使品牌在各个产业领域内得到延伸。

在休闲农业产品已经品牌化的基础上，品牌延伸可采取如下步骤：首先，在沟通休闲农业资源与消费者，提升休闲农业企业核心产品服务品质的基础上，使住宿、餐饮、交通等相关企业或产品可以借助品牌而获得发展动力；其次，延伸品牌进入那些为休闲农业体验提供支撑设施的非旅游行业，如农产品加工等；最后，将品牌核心理念融入整个目的地的其他产品和服务行业，以及那些希望加入目的地品牌的各个行业的生产制造者，如房地产、娱乐业等。具体来说，休闲农业可借助其"崇尚自然，返璞归真"的品牌杠杆力，营销其环境优美的房地产、多种多样的农产品，进而可以延及电视农业频道、报纸杂志栏目等,将休闲农业的那种自然、勤劳、简朴的精神气质,最大化地融入每一项有形与无形产品之中。

三、休闲农业品牌形象视觉设计

1. 视觉设计概念

视觉设计是非言辞传达的方式,对于受众具有一种决定性的重要作用。言辞传达适合所有客观性的科学与报告;相反,非言辞传达适合主观性的情绪表现与传达。非言辞传达中占最大部分的就是视觉传达(visual communication),包含图画语言表现者如记号、图画等,以及物体语言表现者如服装、广告塔等。视觉设计内容广泛,涵盖广告设计、包装设计、公共标识设计、视觉识别设计(VI)、标志设计、网络传播等。

2. 视觉设计在休闲农业品牌形象塑造中的作用

休闲农业作为新兴产业,应该注重产品的营销。可以通过企业形象(CI)策划和实施,建立具有知名度、美誉度,并具有较强市场竞争力的休闲农业区,重点应放在理念基础(MI)上。理念基础是休闲农业 CI 的基础、灵魂和核心,休闲农业产品概念的内涵设计必须建立在广泛而深刻的理念分析基础之上,通过对休闲农业区的理念分析,形成对产品准确而清晰的认识,进一步确立用以表达和传播休闲农业区形象的主题和宣传口号,从而达到扩大影响的目的。

视觉设计在休闲农业品牌形象塑造中具有独特的作用。人类获得的外部信息中有 83% 通过视觉获得,视觉形象是旅游者能够最直观感受到的信息;同时,视觉设计的传播途径最为广泛,内容灵活多样;视觉设计受到受众欣赏水平的影响相对比较小,设计得当,理解力较低的受众即使难以理解其内涵,也会对图形等信息留下深刻印象。在休闲农业品牌形象的视觉设计过程中,需坚持"战略性设计"的原则,即"强烈的视觉冲击、精确的概念传达、独特的识别记忆"。

视觉设计策划具体表现为对休闲农业产品一切可视资源的系统化、规范化、符号化和形象化,其作用不仅限于传递各种信息,更应成为休闲农业景观的组成部分,起到对休闲农业景观进一步美化和加强的作用。在类型和风格类似的两个旅游地之间,依靠视觉设计形成差异化,在竞争中处于优势地位更是尤其重要,这实际是向旅游者提供了更丰富的附加价值。这种情况类似于实体商品中存在的一种现象,在核心价值基本相同时,造型美观、附加价值高的商品更受欢迎。视觉设计的另一方面作用在于其直接功用:导引或帮助旅游者全面感知旅游地、消除陌生环境带来的不安心理、对休闲农业产品进行延续性宣传。

四、品牌形象视觉设计实例

此案例引自黄军的硕士学位论文《旅游地品牌形象视觉设计地域性研究》(黄军,2006)。

(一) 设计对象——贺州市

贺州市是隶属广西壮族自治区的新兴地级市,地处广西壮族自治区、广东、湖南交界地,有着丰富独特的旅游资源。贺州市政府积极推动第三产业的快速发展,提出将旅游业做大做强的战略。近几年来,贺州市政府大力实施政府主导型战略,把旅游业作为新的经济增长点来培育和发展。在战略实施的过程中,坚持高起点、有特色并形成旅游线路的原则,有规划、有重点,科学合理地对旅游资源进行保护性开发,集中力量建设特色旅游产品。贺州的旅游资源具有相当明显的优势:一是山水优势。在境内有两个集"雄、奇、险、秀、幽"于一体的国家级森林公园——姑婆山国家森林公园和大桂山国家森林公园;有路花温泉和里松温泉;有碧水岩、紫云洞、贺州石林等众多喀斯特地貌景观;更有似人间仙境的十里荷塘画廊,青山奇峰，小桥流水人家。二是民族风情优势。贺州是汉、壮、瑶、苗、回、满民族杂居的地区，多姿多彩的民族风情别具一格，特别是一曲贺州客家山歌《月光光》——在我国台湾演出就备受欢迎和好评。独特的民族风情，对中外游客也极具吸引力。三是高品位的人文景观优势。最著名的是有900多年历史的昭平黄姚古镇，镇内有山必有水，有水必有桥，有桥必有亭，有亭必有联，有联必有匾，构成了古镇独特的风景，再加上"抗战"文化，使古镇具有浓厚的文化底蕴，有很高的观赏价值。还有国宝级的古文物麒麟尊，麒麟尊曾作为国宝参加中法文化年，在法国展出一年。其历史文化内涵的深厚，给游人留下了深刻的印象。贺州市政府积极组织人员到粤、港、澳等地进行旅游推介，吸引了成千上万粤、港、澳游客前来旅游。据不完全统计，2002年全市接待国内外游客154.99万人次，其中海外游客7.08万人次，旅游总收入6.208亿元。贺州市的旅游品牌已初步打响，旅游业已开始进入加快发展的黄金季节。在贺州市旅游业快速发展的态势下，为实现旅游业做大做强的目标，贺州市旅游品牌形象建设提上了工作日程。

（二）设计目标

塑造具有贺州强烈地域性特征旅游地品牌形象视觉设计系统，以期在全省区和港、澳、台、粤等地区形成差异化的品牌形象，吸引更多的游客前来体验贺州的山水和热情的民族风情。

（三）设计分析

奇特的玉石林、天然氧吧中的温泉和奇山秀水是贺州独一无二的自然地理类的旅游产品组合；国宝麒麟尊是历史文化内涵深蕴的古文物；独特的少数民族风情相结合的旅游地特征，使贺州的地域性特征明显，挖掘出以石林、温泉、山水和国宝为地域性核心设计元素，作为设计的原创切入点。

（四）设计策略

根据贺州现有的以自然地理特征为主要旅游资源的景观类型，制订凸显石林、国宝两个视觉元素为核心视觉识别元素表现其形象的地域性特征的设计策略。

（五）设计方案

1. 品牌标志设计及创意说明

品牌标志（图4-1）以石林、温泉、国宝麒麟尊铭坟、古城、岩洞和山水等贺州旅游产业组成的精华要素作为设计构思的原创点，用"贺州"的汉语拼音作为视觉的表现元素，通过拼音、汉字和英文组合的构图方式，展现贺州深厚的城市文化底蕴和多彩的奇山秀水。使用书法体的"HeZhou"不仅体现中国文化韵味，而且通过色彩变化体现贺州人民的温厚热情，并全面精确表达贺州旅游产业的核心竞争力，以及在城市旅游产业发展竞争中强势崛起的美好愿望。

图4-1 贺州旅游品牌标志设计

2. 设计构思原创点分析

在图4-2中,表现了石林、国宝麒麟尊铭坟、山水和民族风情在贺州旅游品牌标志中的体现。这些具体的元素,经过抽象、提炼和加工,与拼音"HeZhou"很好地结合,成为品牌标志的主体。

图4-2 形象标志分析

(六)设计系统开发

一款品牌标志要应用于各种环境、媒介宣传上,以达到企业识别与形象宣传的目的,从而起到招揽顾客的作用。当品牌

第四章　休闲农业的策划

标志、标准字体、标准色三大基本要素确定后，就要对这些要素进行精致化的应用设计，严格制订适用于不同媒介宣传上的应用系统，使其在应用宣传过程中，更加规范合理，以期达到统一性、系统性来增强视觉诉求力。

应用系统依据不同适用范围，分为事务用品系统、产品包装系统、环境识别系统、广告宣传系统、服饰设计系统、运输设计系统、印刷出版物等。贺州旅游作为一个旅游品牌，与传统企业品牌相比较，宣传推广的重点和适用范围都有其独特性，因此，根据旅游品牌的复杂性与特殊性综合考虑，对应用范围较广、宣传力度较大的事务用品系统、产品包装系统和广告宣传品系统做详细说明。

事务用品系统又称办公系统，主要包括名片、信纸、信封、便签、资料夹、文件袋、工作证、传真纸、票据、考勤卡等办公用品。贺州旅游品牌事务用品系统（图4-3）是贺州旅游产

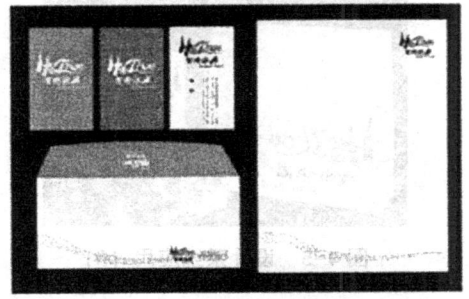

图4-3　设计系统应用（1）

业对外事务交接、对话、宣传的最基本的应用系统。因此，事务用品系统设计方案应严格按照标志设计，文字格式、色彩套数及所有尺寸按规定进行，以精确、统一的格式表现贺州旅游品牌风格。

印刷宣传品系统主要包括报纸广告、杂志广告、主题海报、宣传折页、宣传手册等印刷品，计对旅游品牌的特殊性，还应有导游图版式规范设计，除此之外，旅游地文化活动举行较为丰富，还应有相应的旅游宣传手提袋、桌卡和邀请函等的设计（图4-3右上图、图4-4、图4-5）。

图4-4　设计系统应用（2）

图4-5　设计系统应用（3）

第四节 休闲农业产品策划

休闲农业园区在景观资源上存在一定的相似性,这决定了休闲农业园区具有较强的替代性。明确的主题、鲜明的特色是保障园区不会被较快替代的基础。休闲农业园区形象定位只有首先确定开发主题,整个开发工作才能有方向、有重点、有秩序,旅游设施和配套设施的规模、数量、布局和风格才能协调,从而形成统一、鲜明的旅游形象。

一、休闲农业产品策划特点

(一)产品策划体现本地的农业特色

不同的休闲农业旅游地具有不同的农业特色,传统农业旅游地和现代农业旅游地要进行不同的产品策划。产品策划要把握地域环境背景与农业发展形成的特色,以保持其原有的资源特色与空气清新的乡村氛围。例如,在区域内开发原始农耕方式的休闲农业产品,能对久居都市的居民产生较大的吸引力。

(二)产品策划保持乡土气息

游客参加休闲农业旅游的目的各不相同,但其中乡村秀丽的田园风光、与城市截然不同的乡村生活方式和宁静祥和的生活氛围对人们具有较大吸引力。因此,在策划开发休闲农业产品过程中,认真调查研究旅游乡村的历史发展过程,从中探寻乡村发展的文脉、生活习惯的演变、民俗风情的沿袭,在保护的前提下尽可能开发出具有浓郁乡土气息的乡村旅游产品,是休闲农业旅游魅力不减的基本条件。

(三)产品策划加强可参与项目的设计

休闲农业旅游者对闲适自在的农家生活气息、淳朴亲切的农村人际关系和丰富多彩的民俗风情的爱慕与追求,是置身事外地走马观花所不能获得深刻体验和满足的。只有广泛地参与到农村生活的方方面面中去，广泛地接触民俗风情，多层面地了解农村的生活和精神领域，才能深刻体会到休闲农业旅游的魅力。因此，应尽可能安排丰富多彩的可参与性活动，让游客参与一些简单的力所能及的农活。

（四）产品策划中体现产品的复合型功能

休闲农业旅游是包含观光、度假、疗养、娱乐、教育等在内的多功能复合型旅游活动，与此相应，要求旅游产品设计多种多样，才会产生多功能的吸引效果，游客可选择不同产品，满足不同兴致游客的心理需求。充分有效地利用各种旅游资源开发出内容丰富的复合型产品，既有适应双休日短期度假需求的短期产品，又要有休闲疗养、农耕体验类适应不同客源市场需求的休闲农业产品。

二、休闲农业产品策划原则

（一）市场先导的原则

休闲农业产品也就是一个休闲农业项目可以提供给潜在顾客的旅游项目。产品的选择和设计，必须以市场为先导，在市场调研充分的基础上，正确进行市场细分和市场定位，锁定特定的、特征清晰的、能成为旅游产品购买主力的重度消费群。

（二）差异性原则

一个成功的休闲农业项目，其休闲农业产品必须与其他旅游产业、周边其他休闲农业产品之间形成显著的差异，避免或干扰特定客户群进行同类产品的简单的价格类比。

（三）经济性原则

经济性原则包括两个方面：一是对游客而言，能用更低的价格买到更多的体验和幸福感；二是对项目建设者及项目所在地农民而言，能用更少的投入，卖出更高的价格。

三、产品策划实例

以陈红武、裘莉娟的《柞水县乡村旅游与休闲农业规划》中的产品策划为例。

柞水县地处秦岭南麓,商洛西部,是陕西省重点林业县之一。全县植被覆盖率78%、森林覆盖率高达66.5%,融"名山、名镇、名洞"于一体,被誉为"终南首邑,山水画廊",似一颗璀璨的明珠镶嵌在终南山下。这里山清水秀、空气清新,冬无严寒、夏无酷暑,负氧离子含量是西安的4倍以上,素有"天然氧吧、城市之肺"之称。境内生态植被保护最为完好的营盘镇距西安市仅40km左右,城区距西安市仅65km。优秀宜居的生态环境、丰富多样的资源条件、得天独厚的交通区位优势,为柞水县休闲农业与乡村旅游产业发展占尽了先机。柞水县结合特色资源进行休闲农业产品策划,主要包括以下类型。

(一)观光休闲旅游产品

随着近年来都市生活水平和城市化程度的提高,以及人们环境意识的增强,而逐渐开发建设了一批集科技示范、观光采摘、休闲度假于一体,经济效益、生态效益和社会效益相结合的综合旅游度假区。据目前现状分析,柞水县已经具备了开发观光果园、野生动物园、苗圃花卉培养及"农家乐"等旅游项目的基础设施条件,只需增加一定投资稍作改造便可提供更为完善的服务。

(1)田园景色观赏区。设立一个农园观景区,以田园风光观赏为主要活动内容,采取不同的农业景观配置,达到在不同的季节,给人不同的田园景色观赏。游客可以通过这个农园观景区看到一年四季的田园风光,真正体验到那种"亲近自然,享受自然,回归自然"的感觉。

(2)聚落景观。改造已有的聚落面貌,使其更接近自然,体现聚落的那种古朴的乡村感觉,从视觉上给人一种回归大自然，仿佛在画中游的感觉。

（3）采摘果园。结合当前农园采摘文化的流行，以当地特色果品为主打，营造亲力亲为的采摘意境，为游客提供安全绿色的生态食品。种植当地瓜果，枝繁叶茂，硕果累累，既增加游客亲绿空间，又可观赏采摘。

（4）农耕乐园。农耕乐园是指由农民提供农地，让游客、市民参与耕作的园地。农耕乐园里所生产的农产品不能出售，只可自己享用或者赠送给亲朋好友。从运作方式来看，可与银发市场养老紧密结合，多数租用者只是节假日到农园作业，平时则由农地提供者代管。农耕乐园也可与水库、鱼塘、林场等相结合，向多元化经营迈进，以促进农业和旅游业的综合发展。

（5）水上乐园。柞水县的水资源丰富，大到水库，小到池塘，大大小小分布在度假村内，可以开展诸多的亲水项目活动，如垂钓、游船等。

（6）农家乐。针对城市家庭走进农村、体验农家生活、教育下一代的需要，建立自助式农家乐。以"吃农家饭、住农家房、干农家活、享农家乐"为内容，体验农家的起居、劳作、生活、娱乐等。

（二）康体养生旅游产品

随着人们生活水平的不断提高，人们对养生、保健等方面越来越重视。不论是国内还是国外的游客，都向往着到没有环境污染的地方度假、疗养，有组织的或自助形式的放松式健康旅游成为热点。柞水县环境宜人，适合居住。牛背梁国家森林公园等风景名胜区更是未污染的宝地，空气中负氧离子含量高，通过开发以森林疗养、高山疗养、温泉疗养等为代表的室外生态疗养产品，最大限度地满足游客感悟大自然、亲近大自然、回归大自然、防病治病、追求多变的户外保健新需求。

（三）绿色食品旅游产品

食用天然饮料、天然无害食品、保健食品等"黑五类"（黑色粮、油、果、蔬、菌类)食品及粗杂粮食品,已成为国内和东南亚生态消费者特意追求的消费对象。利用这一消费趋势,结合柞水县的特殊优势,刻意开发这一类具有绿色食品标志的食品系列,作为旅游业六大要素中的一个要素——吃,以此为重点旅游产品开发。这不仅可以使食品本身得到开发而招徕旅游者,而且可以围绕这一产品,调整产品结构、带动农副新产品的生产和加工业的发展,为柞水县造就了一个具有相当规模的客源市场群。

(四) 民俗风情旅游产品

俗话说文化是旅游的灵魂,充分挖掘柞水县的本土文化才能带活当地旅游目的地的发展。在物质文化非常充裕的当今社会,人们对传统的文化精神的追求越来越强烈,在这种大趋势下,发展柞水县的乡村传统文化体验能够满足游客的需求,让游客迅速了解当地的风土人情,产生更加直观的印象。

(1) 传统曲艺。柞水渔鼓欣赏:利用独特的渔鼓文化为载体,搭建戏台,进行柞水渔鼓、柞水汉调二黄、柞水花鼓、柞水民歌的表演,并且游客可以根据自己的兴趣爱好向专业演员学习。

(2) 秦楚文化展示中心。柞水县是秦楚文化的交汇处,民间民俗文化底蕴十分深厚,花鼓戏、民歌、山歌、孝歌、农家作坊,凤凰镇古民居、古建筑、雕塑、绘画、民间手工艺等在陕南地区都有一定的代表性。本中心介绍柞水县秦楚文化的发展历史,可以设立各类文化载体的展示馆,展现中华民族的文化瑰宝,弘扬我国传统文化。

(3) 民间娱乐和玩耍展示。例如,放风筝、放天灯、斗鸡、斗蛐蛐、玩鸟、玩蚂蚱、玩毛老鼠等。还有社会生活和人际交往中的货郎、结烧香弟兄、拜干姊妹、认干亲等。给游客以全方位的民俗展示。

(4) 传统技艺展示。设置丝织、捞纸、编织、榨油、酿酒等传统作坊。同时展示九佬十八匠的传统技艺。九佬有剃头佬、劁猪佬、杀猪佬、打渔佬、插鳖佬、渡船佬、补锅佬、洗磨佬、吹鼓佬等9个以佬为名的职业。十八匠只是对民间工匠的称谓，在传统的农业社会里，民间工匠种类繁多，何止十八，据传民间有七十二匠，如"金银铜铁锡，木蔑挖笼皮，石砌瓦窑泥，弹油花蜡漆"等以"匠"为名的。

（五）山地特种休闲旅游产品

特种旅游是与观光旅游、度假旅游和商务旅游等传统旅游和常规旅游相对应，丰富休闲农业产品的类别，适应市场需求，为满足旅游者特殊偏好，而产生的一种新兴旅游方式，以及与之相应所开发的新兴旅游产品。特种旅游偏重于个性化，有较强目的性，注重参与。其连续旅游跨度大、时间长，旅游目的地具有明显的复合性特征，所依赖的环境具有较强的原始性、自然性、生态性。针对柞水县的峡谷、盆地、水系可以开发野外拓展训练、探险等一系列特种旅游休闲项目，如狩猎、登山、溜索、攀岩、山地自行车、户外拓展、野战游戏、探险（森林探险、峡谷探险）、青少年夏令营、冬令营等，充分给予了旅游者亲近大自然、忘我地融入大自然的惊险刺激和超常体验、融入山村环境中领略大自然无限风光。

（六）科普教育旅游产品

科普教育型旅游产品的特点是体现较强的科普知识性，充分发挥休闲农业文化传承功能、教育功能。特别适合青少年、儿童，能够满足他们对未知世界的好奇和强烈的求知欲。在展示过程中注意弘扬古老的农耕文化技术，同时结合现代高科技手段，促进农业发展。其展示方法有以下几种。

（1）建立休闲植物园。建立小型的植物园，犹如一本百科全书，等待孩子的开启。植物园可分为树木园、花卉园、盆景园等。园中植物均采用挂牌方式，说明其品名、特性等，并列出与之相关的故事、神话，激发孩子的好奇心，增长科普知识。

（2）建立农业博物馆。在博物馆中，以实物、图片、多媒体等形式展示农耕文化和农耕技术，介绍农耕精神，介绍我国作为农业大国其农业的发展史。馆中可展示农耕工具，如犁、石磨、织布机、斗笠、蓑衣等。专业工作人员展示农耕技术，如织布流程、大米的生产过程等。游客可以参观学习，还可以亲身体验推磨、织布等农耕文化。

（3）高效农业示范区。利用先进的生产技术，生产环保、无公害的绿色蔬菜、花卉，其作用一是展示农业高新技术，二是供游人观光采摘，三是为生态餐厅提供绿色环保蔬菜，四是解决部分就业。保护基本农田，推广优良品种，发展订单农业，提高农民收益。

（4）爱国主义教育基地。利用红岩寺苏维埃政权旧址、李先念讲话的红戏楼、烈士陵园、瓦房口镇徐炳宇的战斗遗址等红色旅游资源，建立爱国主义教育基地，提高全民族整体素质，引导人们特别是广大青少年树立正确理想、信念、人生观、价值观。

第五节　休闲农业服务策划

休闲农业是一种观光、游览、度假的形式，必须对环境、居住、餐饮、安全、基本设施，以及接待人员的礼仪、素质和服务等提出相应的要求。休闲农业作为一种服务性质的产业想要长久地发展下去，服务质量无疑是关键的一环。因此，在休闲农业发展中一定要努力提高经营管理和园区整体服务水平，提高服务人员的文化修养，改善服务质量，努力提高休闲农业的服务层次。

一、休闲农业服务概述

休闲农业服务是指休闲农业服务人员通过各种设施、设备、方法、手段、途径和"热情好客"的种种表现形式,在为游客提供能够满足其生理和心理的物质和精神的需要过程中,创造一种和谐的气氛,产生一种精神的心理效应,从而触动游客情感,唤起游客心理上的共鸣,使游客在接受服务的过程中产生惬意、幸福之感,进而乐于交流,乐于消费的一种活动。

二、休闲农业服务特征

(一)服务难度大

休闲农业服务活动包括游览、参与、体验、就餐、售卖等多项服务内容,要满足不同游客的服务要求,客观上使得休闲农业服务对象的多样性和复杂性增强。

(二)服务产品的复杂性

休闲农业服务除了提供产品售前咨询、售后服务外,更多的是在产品过程中的服务,包括导游服务、就餐服务、交通服务等。

三、休闲农业服务策划

2006年沈海鹏在其硕士论文《休闲农业服务质量研究——基于随州市休闲农业消费者的调查》中阐述的休闲农业服务策划的内容包括以下几个方面。

(一)加大自身的服务设施建设

休闲农业服务组织必须加大自身组织的服务能力建设,以基础设施为基础,以服务人员为依托,以顾客为导向,结合服务组织本身的特色优势,建立健全组织的服务能力,追随消费者的需求提供休闲农业服务。

(二）根据目标市场，改善服务质量

休闲农业服务组织应根据其目标市场重视的服务维度，改善相应的服务质量，这样可以以较低的成本更好地满足顾客要求，最终发展壮大。

（三）提高形象，突出"农"的特色

城市居民在休闲农业场所消费看重的正是休闲农业消费场所中的农家味，希望通过消费体验到回归自然，感受农耕文化。休闲农业服务提供者应该着重突出"农"的特色，让消费者能从消费中真正获得其需要的感受。

（四）注重服务效力

不同的消费者对休闲服务组织的服务效力的感知程度不同，为此作为休闲服务组织更要将服务效力排在第一位，只有这样才能以服务促进消费，才能拉动消费者消费。休闲农业服务组织最重要的不是将自身产品推给顾客，而是利用自身的服务优势将消费者吸引过来，将休闲农业服务组织由企业为导向转变为以消费者为导向。时刻以消费者为重要的客户，从而扩充自身的品牌价值，形成连续的品牌效应。

（五）挖掘特色，注重文化

对于休闲农业服务组织来说，寻求自身的特色文化，主打文化牌。

（六）运用良好的服务策略

运用良好的服务策略，从战略与战术角度将休闲农业服务组织的品牌推广出去。

（1）休闲农业服务组织要主推核心服务，并根据顾客需求完善套餐服务，让顾客更好地了解和接受服务，以模块形式提供以满足各个目标群体的主要需求，不断改进完善相应的套餐服务，从而满足消费者个性化需求。

（2）突出套餐服务，优化服务运营模式。核心服务进一步完善后，突出服务个性化定制。优化服务运营模式，更好地将运营管理方法和技巧运用于休闲农业服务组织本身。

（3）创建服务品牌。在品牌创建过程中，坚持为广大客户提供良好的服务，感召和凝聚全体员工，在此基础上逐步建立起与理念相适应的视觉和行为识别体系，努力通过优质产品和统一的企业形象推广体系获得目标群体的认同和支持，从而建立起稳固的休闲农业服务品牌形象。

（4）建立良好的服务开发策略。在日常服务过程中，充分了解顾客需求，完善服务方式。不断开发品类更多、样式新颖的服务套餐，与时俱进，适应顾客需求变化，增强竞争力。

（5）服务价格采用满意定价策略。以自身成本为基础，参照潜在竞争对手的服务收费标准及目标客户的意愿价格，确定农业休闲服务的最终价格。在实际的服务过程中，同时采取针对老客户的折让定价。最终达到体现顾客感受价值、扩大市场份额、促进企业赢利的目的。

（七）服务组织建设

对很多休闲农业服务组织来说，面临的一个问题就是组织小、单一化比较严重。这在整个的组织竞争中处于不利的地位，容易为了单纯的顾客群体，实施恶性竞争。这样不仅破坏了自身的服务策略，也破坏了整个休闲农业服务行业。诸多竞争者就会采取诸如价格战等措施形成恶性竞争，而且由于组织较多，组织与组织之间就会存在诸多差异，经营管理方法和理念、管理人员的管理水平也会有差异。为此，要将休闲农业服务组织联合起来，形成战略联盟，由某个组织诸如合作社等牵头，将分散、单一和弱小的休闲农业服务组织联合起来，实施规范化管理，建立健全服务质量体系，形成一个良好的、和谐的服务环境，为服务组织提供一个良好平台来发展自身的优势产业和优势休闲农业。

第六节　休闲农业节庆活动策划

一、节庆活动的含义

国外文献中对于节庆方面的研究起步较早，往往将节日（festival）和特殊事件（special event）合在一起进行探讨，称为"节事"。节事活动包括的内容非常广泛，除了通常所说的节庆活动外，还包括文艺娱乐、商贸及会展、体育赛事、教育科学事件、休闲事件、政治/政府事件、私人事件等一些特殊事件。而国内研究的节庆（festival）一般是节日和庆祝活动的总称，即"节日庆典"的简称。从广义上来看，其形式包括传统沿袭和法定的各种节日及人为策划举办的各种活动，但不包括各种交易会、展览会、博览会等特殊事件。

二、节庆活动的分类

从节日性质来看，节庆活动具体可以分为3类。

一是传统的节日，如春节、中秋节等。二是国家法定的节日、庆典，历史事件的纪念日，如国庆节、八一建军节等。三是各城市和地区根据各自的资源和实际情况，人为策划举办的带有浓郁地方民族文化氛围的节庆活动，如大连国际服装节、青岛国际啤酒节、云南民族文化旅游节、上海旅游节等。

三、休闲农业节庆活动

休闲农业节庆活动是针对某一特定的地方主题，事先通过安排活动，并采取公开的方式进行庆祝或展示，以达到吸引游客前往活动地，进行相关观光消费的行为。

休闲农业节庆活动主要包括各种时令促销节及传统特色节日。举办节庆活动可带动农产品的生产、加工、贸易一体化，游客也可参与观赏、采摘、品尝、劳作、购物等多种旅游活动。

四、休闲农业节庆活动策划原则

休闲农业节庆活动策划是休闲农业产品项目设计的一个重要组成部分，是休闲农业旅游的动态开发。如果说休闲农业各项目设施是"硬件"的话，那么节庆活动策划与设计就是"软件"，软硬结合，才能扩大休闲农业旅游效益。在策划过程中需注意以下几点。

第一，节庆活动主题要鲜明，能准确地传达出活动的信息；有一个好的活动主题，活动就成功了一半。休闲农业节庆活动应尽量与时令有关，选择易操作项目，设计足够多的游客参与体验环节。传统特色节日主要是一些具有地方色彩的节日、民间活动、祭典等，这些节庆活动若安排在旅游淡季，可在一定程度上增加旅游淡季的游客人次，增强活动的影响力。

第二，休闲农业节庆活动要从本地特色出发，尽可能体现本地历史文化传统、经济文化特色和旅游资源状况。策划时应注意：①突出民族性、地方色彩，深挖文化内涵，展现地方民俗风采；②避免过度商业化、戏剧化，力求体现文化的原汁原味。

第三，活动构思时要考虑是否能较好地满足举办节庆活动对环境与资源条件的要求。

第四，活动要尽可能具有唯一性，尽量不要雷同，不能模仿别人，尽可能寻找活动最大的差异性和唯一性，进而形成旅游与文化的创新。

五、节庆活动策划实例

以荥阳市旅游产业发展规划为例。荥阳市旅游产业发展规划中对节庆的策划包括以下5个方面。

（一）荥阳国际象棋文化节

【等级定位】国家级节事活动。

【活动时间】每年一届，在每年 4 月下旬举办，为期一周。
【活动地点】设在市区、鸿沟文化旅游区等。
【活动主题】棋和天下，博弈荥阳。
【策划建议】
"棋艺对决，所向披靡"——象棋技艺大赛事。
"象棋之乡，象棋之香"——象棋真人秀。
"族人欢聚，应接不暇"——棋乐无穷。
"羽扇纶巾，指点江山"——象棋论坛高瞻远瞩。

(二) 荥阳中国诗歌文化节

【等级定位】国家级节事活动。
【活动时间】每 4 年一届，定在"秋高气爽，十月为妙"。
【活动地点】 主要以刘禹锡公园、李商隐公园为举办地点，远期可以将诗歌与环翠峪风景名胜区或者桃花峪景区结合，形成山地诗歌文化节。
【活动主题】诗歌渊源地，泱泱中华情。
【策划建议】
"曲酒流觞，对酒成词"——诗歌大放送。
"唇枪舌剑，引古论今"——诗词大辩论。
"山地诗歌，原汁原味"——诗歌大回归。
"踏花归处，马蹄香艳"——诗歌名句意境中国画大赛。
"望闻问切，诗歌把脉"——诗歌大论坛。

(三) 荥阳环翠峪山地旅游节

【等级定位】省级旅游节事。
【活动时间】每年一届，定在夏季之初，为期一周。
【活动地点】环翠峪旅游区。
【活动主题】避暑胜地，人间天堂。
【策划建议】
"马力十足，徒步登山"——原生态路线登山友谊赛。

"体智相结，定向越野"——探秘环翠峪。

"清泉木屋，生态别墅"——度假房源大展示。

"啤酒消夏，山水给力"——啤酒消夏大比拼。

"嫘祖之光，盛大绽放"——话剧嫘祖演绎。

(四) 荥阳河阴石榴节

【等级定位】地市级旅游节庆赛事。

【活动时间】每年一届，定在"月圆处，中秋时"，为期一个月。

【活动地点】刘沟村。

【活动主题】石榴红了。

【策划建议】

"农业观光，果实采摘"——欢乐大丰收。

"挑三拣四，皇族胜出"——石榴大评选。

"走街游艺，欢乐年华"——民俗活动大展示。

"千奇百味，石榴盛宴"——石榴食品大荟萃。

"'世'间珍品，走还是'留'"——石榴欢乐大洽谈。

(五) 荥阳"桃花有约"桃文化节

【等级定位】地市级旅游节庆赛事。

【活动时间】每年一届，为期7天，时间安排在3月中下旬至4月中上旬。

【活动地点】桃花峪。

【活动主题】花开桃花峪，旅游正当时。

【策划建议】

"今生有约，情定花海"——寻花牵手。

"桃花芬芳，风筝飘扬"——风筝放飞大赛。

"美景天成，诗话桃园"——桃花诗会。

"精彩瞬间，魅力展览"——"醉美"荥阳摄影展。

"美味盛会，食在桃园"——荥阳美食大荟萃。

第五章 乡村旅游概述

第一节 乡村旅游的概念

乡村旅游发源于 19 世纪中叶的欧洲,学者们对乡村旅游有多种不同的认识和定义,但目前尚没有达成统一认识,现将有关内容综述如下。

西班牙学者 Gilbert 和 Tung(1990)认为:乡村旅游(rural tourism)就是农户为旅游者提供食宿等条件,使其在农场、牧场等典型的乡村环境中从事各种休闲活动的一种旅游形式。世界经济合作与发展委员会(OECD,1994)对乡村旅游的定义为:在乡村开展的旅游,田园风味是乡村旅游的中心和独特的卖点。以色列的 Arie Reichel、Oded Lowengart 和美国的 Ady Milman(1999)简明扼要地说:乡村旅游就是位于农村区域的旅游,具有农村区域的特征,如旅游企业规模要小、区域要开阔和具有可持续发展性等特点。英国的 Bramwell 和 Lane(1994)认为:乡村旅游不仅是基于农业的旅游活动,而且是一个多层面的旅游活动,它除了包括基于农业的假日旅游外,还包括特殊兴趣的自然旅游、生态旅游,假日步行、登山和骑马,探险、运动和健康旅游,打猎和钓鱼,教育性的旅游,文化与传统旅游,以及一些区域的民俗旅游活动。Demoi(1991)认为:乡村旅游的发生地与土地密切相关,是指在非城市地域的旅游活动。Lane 则明确指出乡村旅游发生地在农村,其旅游类型是多样的。Turnock(1999)进一步扩大乡村旅游的范围,他认为在乡村地区所进行的休闲活动都属于乡村旅游的范畴。

我国乡村旅游兴起于20世纪80年代。国内有众多的学者对乡村旅游的概念进行了诠释，其中代表性的观点有：杜江和向萍（1999）认为，乡村旅游就是农户为旅游者提供住宿等条件，使其在农场、牧场等典型的乡村环境中从事各种休闲活动。何景明和李立华（2003）认为，狭义的乡村旅游是指在乡村地区，以具有乡村性的自然和人文客体为旅游吸引物的旅游活动。乡村旅游包括了两个方面的内容：一是发生在乡村地区；二是以乡村性为主要吸引物，两者缺一不可。王仰麟和祁黄雄（1999）认为，乡村旅游是以乡野农村风光和活动为吸引物，以城市居民为目标市场，以满足消费者娱乐、求知和回归自然等方面的需求为目标的一种旅游形式。刘德谦（2006）认为，乡村旅游就是以乡村地域及与农事相关的风土、风物、风俗、风景组合而成的乡村风情为吸引物，吸引旅游者前往休息、观光、体验及学习等的旅游活动，其核心内容是乡村风情。

综上所述，乡村旅游是指发生在乡村的一切旅游活动，以乡村自然风光、乡村风情、民风民俗、历史文物遗迹等为吸引物，满足城市居民体验乡村生活、放松身心和陶冶情操的一种旅游模式。

第二节 乡村旅游的特点

不同于城市旅游，乡村旅游有着显著的自身特点。

一、自然性

乡村旅游景点是人类长期以来利用自然，创造出的人与自然和谐共处的休闲目的地。乡村旅游吸引人的原因是随着城市化和工业化的进程不断加快，越来越多的城市居民生活在拥挤喧嚣、空气污染、高楼林立的建筑城市中，很容易使人内心产生压抑感，乡村旅游带给游客的是返璞归真、重归自然的感觉。乡村地域具有独特的自然风光，人口稀少，受工业影响程度低。同时，乡村旅游既贴近自然，又有浓厚的乡土风情，大多建在城市的近郊，或由原先的农村改建而来，经营者大多都是原先的农村居民，因此，乡村旅游具有浓厚的农村特点，当人们置身其中，远离竞争，释放压力，回归自然，会感觉身心舒适。

二、休闲性

乡村旅游是人们体验"不同生活"或"改变环境，放松心情"式休闲的重要形式。乡村地域辽阔，自然景观多样，且绝大多数地方保持着原有的自然风貌，加上各地风格各异的风土人情、乡风民俗，使乡村旅游在活动对象上具有鲜明的特点。乡村优美的自然环境、古朴的村庄作坊、天然的农副产品、原始的劳作形态、真实的民风民俗、悠久的农耕文化和古代的村落建筑，在乡村地域上形成了"古、始、真、土"的独特景观，具有城市无可比拟的贴近自然的优势，为游客重返自然、返璞归真提供了条件。乡村和农业已由过于单一的农民自居和农业生产功能，转为集农业生产、生态涵养、观光休闲、农耕体验和教育娱乐等多元功能于一体。我国大城市周边乡村地域的传统农业生产功能已经逐渐减弱，其观光休闲功能开始日益凸显。

三、差异性

乡村既有南北乡村之分，又有山地平原乡村之分，还有汉族和少数民族乡村之分。乡村旅游具有明显的地域性。由于地理条件和季节条件的不同，乡村旅游之间也存在着差异。在地域方面，不同的地域造就了不同的民俗风情、自然资源和气候条件，比如不同民族聚集地之间的文化差异，就能使游客体验到完全不一样的旅游体验。在季节方面，乡村农业生产活动有春、夏、秋、冬四季之分。夏、秋季节，农业旅游火爆；冬、春季节,农业旅游萧条。乡村旅游具有很强的季节性,乡村旅游的农耕活动需要依据气候的不同而有所改变,因而游客在不同季节到访乡村旅游景点,也能够有不一样的体验。

四、乡村性

从旅游发展的一般规律来看,旅游总是先由经济发达的大中城市兴起。随着城镇居民生活压力的逐步增大,城镇居民开始厌倦交通拥挤、高楼林立、高度商业化的城市景观,转而向往原始的自然景观和淳朴简单的乡村生活,乡村旅游就成了城镇居民放松心情、体验生活的优质选择。由于乡村旅游主要以农村风貌和民风民俗为吸引游客的主要手段,乡村特色是乡村旅游最重要的卖点和游客最看重的需求,而乡村居民对乡村景色兴趣不大,因此,城市居民才是乡村旅游的主要目标市场。

五、成本低

乡村旅游是在原有农业生产条件和资源的基础上,通过经营方式的调整,不破坏原有生产形态和生态系统,而使其多功能化、生态化的过程。乡村旅游的资源很多时候都是依靠现有的农村资源,而经营者又大多是当地居民,获取本土资源相对简单,在开发投资和经营投资上不需要投入太多就能取得经济效益,因此也就造就了乡村旅游开发的低成本。同时,由于乡村旅游进入的壁垒低,容易形成市场竞争,导致经营者常常依靠成本领先取胜,因此在乡村旅游景点内,游客不论是吃饭、交通、住宿的开支都会比城市旅游低很多。

第三节 乡村旅游的起源与发展

一、国外乡村旅游的起源与发展

(一) 国外乡村旅游起源

乡村旅游始于法国,1855年,法国的一群贵族在一位参议员欧贝尔的带领下,来到了巴黎郊外农村休闲度假,他们品尝野味,乘坐独木舟,与当地农村居民同吃同住,向当地居民学习制作肥鹅肝酱馅饼,伐木种树,清理灌木丛,挖池塘淤泥,欣赏游鱼飞鸟,学习养蜂等。通过这些活动,使他们重新认识了大自然的价值,加强了与当地农民之间的友谊。此后在这些贵族的带领和示范作用下,乡村旅游在欧洲逐渐兴起并盛行起来[①]。

国外乡村旅游的兴起表面上看是由一种偶然因素引起的,实际上是社会发展的必然结果,原因如下:一是由于工业化与城市化进程的加快,市场经济的激烈竞争,导致城市居民开始向往和追求乡村宁静的田园生活和美好的乡间环境;二是由于高速公路、铁路等交通工具兴起,交通网络健全,为实现和快速发展乡村旅游提供了必要条件,游客可以较为方便地到达旅游目的地;三是在市场经济作用下,城市郊区的农民为了实现经济效益最大化,乐意接待去乡村观光的旅游者。因此,在20世纪70年代的欧洲,随着铁路等交通设施的改进,使得城市与乡村地区的往返变动更加快捷,许多国家的乡村旅游得以快速发展。在20世纪80年代,绿色理念深入人心,绿色运动的掀起,推动了乡村旅游的快速发展。欧美开展乡村旅游的历史达

---

① 查芳. 对乡村旅游起源及概念的探讨 [J]. 安康师专学报,2004,16 (12):29-32.

百年以上。在欧美一些发达国家，乡村旅游管理日趋完善，已走上规模化和规范化的道路，如爱尔兰、西班牙、法国、美国等国家，政府已经感悟到乡村旅游对经济增长、扩大就业、生态保护、民族文化保护、扶贫的重要作用，因此，对乡村旅游资金、政策给予大力支持。许多国家和地区在乡村旅游发展的资源保护、产品开发、管理体系方面，走出了一条成功之路。

(二) 国外乡村旅游的发展

西班牙的 Canoves 等学者认为，乡村旅游的发展大体上经历了三个阶段。

1. 起步阶段

早期欧洲的乡村旅游主要是提供住宿接待，出租自家多余房屋、独立的住宿设施，或者乡间的露营地，其目的是补充农业收入。此时，农业仍然是农村居民的主要收入，它并没有给主要农业活动造成威胁，可以归纳为"绿色旅游"。

2. 发展阶段

二战后，随着城市化的进程加快，城市人口的增加，城市建筑物的高度密集和城市生态环境的日趋恶化，城市居民渴望到城郊乡村休闲旅游的需求增加，乡村旅游已经从简单接待转移到提供专业化的产品。更多乡村旅游经营者提供与自然相关的活动和乡土活动，如当时的旅游大国西班牙积极发展乡村旅游，对农场、庄园进行规划建设，提供徒步旅游、骑马、滑翔、登山、漂流、参加农事活动等多种休闲项目，并举办各种形式的务农学校、自然学习班、培训班等。各种不同活动形式在欧洲的乡村旅游中得到了广泛开展，每个国家或地区都强调一种或多种特色。在此阶段，乡村旅游经营者普遍放弃了农业活动，成为了真正的乡村旅游经营者。

3. 成熟阶段

随着人们休闲度假旅游需求的日益增加，休闲观光农业园由单纯观光性质向休闲、度假、操作、体验、教育、环保等多功能扩展,于是就出现了具有生产、生活、生态多功能的休闲农场、度假农庄、教育农园、市民农园等。到了20世纪90年代,一些西方国家又推出了乡村文化旅游,包括民俗风情、民族文化、农耕文化、农舍建筑、节庆活动等,乡村旅游的文化内涵、层次和品位进一步提高。在这个阶段中,乡村旅游经营者明确提出了"职业化"的发展要求,乡村旅游向规模化、品质化方向发展。

二、国内乡村旅游的起源与发展

(一) 国内乡村旅游起源

中国是一个农业大国,自古以来,我国都重视农业发展,农业地位十分突出。我国地域辽阔,自然风光秀美,乡村资源丰富,农耕文化悠久,具有发展乡村旅游得天独厚的条件。就起源而言,目前学术界主要有两种说法:一种说法认为我国乡村旅游的萌芽应该是从20世纪70年代初期开始,当时政府为了外事接待的需要,在北京近郊的四季青人民公社、山西昔阳县大寨大队、天津静海县小靳庄、上海崇明岛等地定点开展了一些具有乡村旅游性质的政治性接待活动;而另一种说法认为,在20世纪80年代后期,深圳为了招商引资开办了"荔枝节",随后又开办了采摘园,取得了较好的效益,于是各地纷纷效仿,开办各具特色的休闲观光农业项目。

对于以上两种关于乡村旅游起源的说法,学者们更多倾向于第二种观点,认为我国乡村旅游开始于20世纪80年代。尽管中国的乡村旅游开始时间较晚,但发展较快。回顾历史,中国人早有郊外出游的习俗踪迹,如《管子·小问》记载:"桓公放春三月观于野。"描述了齐桓公到郊野农村娱乐身心、享受明媚春光的情况。据史载,当时人们外出踏青已较多地使用牛车、马车、旅馆等交通、住宿设施①。这种踏青活动具有现代乡村旅游的特性，可以认为是乡村旅游的雏形。

(二) 国内乡村旅游发展

我国乡村旅游发展大致可以分为如下4个阶段。

1. 起步阶段

从1986年到1994年，以成都"徐家大院"为诞生标志，以"农家乐"旅游为代表。其主要特征是以乡村传统农业为依托，以"看农家景，尝农家饭，干农家活，享农家乐"为主要内容。

2. 全面发展阶段

从1995年到2001年，乡村旅游得到快速发展，1995年实行双休日，1999年曾将春节及"五一""十一"调整为七天长假，2000年国务院46号文件明确了"黄金周"概念，给许多城市居民去乡村旅游提供时间保障。1998年"中国华夏城乡游"与"现代城乡，多彩生活"宣传口号吸引了大批乡村旅游爱好者涌入乡村。乡村假日经济促进了乡村旅游发展。

3. 纵深发展阶段

2002年我国颁布了《全国工农业旅游示范点检查标准（试行）》，使我国乡村旅游走向标准化、高质化。2006年8月，国家旅游局发布了《关于促进农村旅游的指导意见》，提出了乡村旅游发展"以工促农，以城带乡"的重要途径。2006年，国家明确提出"中国乡村旅游年"，将乡村旅游的角色提到更加突出的位置，"新农村、新旅游、新体验、新时尚"全面推动乡村旅游的发展。2006年我国健全了土地流转经营机制，极大地促进了乡村旅游发展。

---

① 贺小荣. 我国乡村旅游的起源、现状及其发展趋势探讨 [J]. 北京第二外国语学院学报，2001 (1): 90-94.

4. 转型与可持续发展阶段

2007年国家规定土地承包经营权流转，2008年健全承包经营权流转市场，克服了乡村旅游发展受土地制约的问题。2007年，"中国和谐城乡游"和"魅力乡村、活力城市、和谐中国"的提出，带动了农村风貌的大变样。2007年，国家旅游局和农业部联合颁布了《关于大力推进全国乡村旅游发展的通知》，推动了乡村旅游的发展。2008年三次长假调整为"两长五短"模式及带薪休假制度法制化。2008年，《中共中央关于推进农村改革发展若干重大问题的决议》使乡村旅游经营模式更加科学化、合理化和多样化。2009年，《关于加快发展旅游业的意见》提出乡村旅游富民工程。

第四节　乡村旅游对社会经济发展的影响

一、促进农村经济发展

发展乡村旅游可把城市一部分的消费资金转移到农村，增加农村居民收入和增强农村经济实力。农村居民不但可以到乡村旅游企业去工作获得收益，也可以将自家的土特产销售给游客获得收入。通过发展旅游，可极大地带动景区周边农村居民的致富，增加农村经济的实力。为了吸引游客的到来，提高游客对旅游目的地的好评度，发展乡村旅游的地区会更加自觉地注意环境的保护、资源的开发，打造具有本地特色的旅游产品，同时，旅游企业的不断涌入也会增加当地的财政收入。为了吸引优秀旅游企业和更多旅游者到来，当地政府就会增加乡村基础设施投入，加大环境保护力度，改善道路、水、电、通讯等基础设施，实现环境卫生、村容整洁。这些都将提高当地农村居民的生活水平，缩小城乡差距。

二、推动社会文化的发展

乡村旅游形式的出现实质上是异质文化群的相互吸引，是从城市文化角度对乡村文化的考察和欣赏，是城市居民对乡村价值的重新发现和承认。乡村居民与游客的接触可以唤起他们对自身的关注，强化对自身身份和自身表述的关注，尤其是具有历史价值的人文旅游景观的再现和重组，重新唤起了当地居民的历史记忆，增强了自信心和自豪感，在游客的认知和评价中获得新的肯定和认同[1]。发展乡村旅游的村庄，对外交流增加，城市居民到乡村旅游，把先进的科学知识带到了乡村，促进科学技术在农村地区的推广。同时，游客带来了新的信息和理念，对农村居民有潜移默化的影响，提高了农村居民的科学文化素质。乡村旅游要想持续发展，就必须将建设、开发、保护与经济发展有机结合，必须加大对传统文化的保护，使人们逐渐意识到传统文化的经济价值和长远的发展价值。乡村旅游有利于促进社区文化的保护和发展、居民观念的更新、学习文化积极性的提高，有利于加强城乡居民之间的友好往来，为城乡居民提供相互了解和交流的机会。

三、促进新农村建设

在乡村旅游发展过程中，乡村在文化、社会、经济和生态等方面都得到了极大改善，乡村面貌焕然一新。发展乡村旅游不但可以扩大农村居民就业、增加农村居民收入，而且可改善农村环境和提高农村居民素质，促进城乡共同发展，对社会主义新农村建设具有重要意义。发展乡村旅游有利于促进社会主义新农村建设具体表现在以下几个方面：首先，乡村旅游有利

---

[1] 何婉, 吴杰. 我国乡村社区与乡村旅游开发关系之探讨 [J]. 市场周刊, 2005 (5): 74-76.

于实现乡村村容村貌整洁,开展乡村旅游加快了当地的基础设施建设,例如政府会加大投资力度,完善当地的卫生设施、排水系统等,这些不仅改善了当地的基础设施条件,也改善了乡村的环境,实现了社会主义新农村建设所要求的农村村容整洁的目标;其次,有利于实现农村居民参与管理,乡村旅游的发展离不开当地农村居民的参与,实践证明,凡是乡村旅游发展好的地方,都是由政府主导,当地居民参与管理,实现民主管理,由此,乡村居民就成为了发展乡村旅游的真正主体,从而大大提高乡村地区农民的民主参与意识,实现建设社会主义新农村所要求的管理民主的目标;最后,在发展乡村旅游的过程中,乡村居民的思想文化观念会逐渐发生变化,乡村会向更文明、更进步的方向发展。

乡村旅游作为连接城市和乡村的纽带,促进了社会资源和文明成果在城乡之间的共享以及财富重新分配的实现,并为地区间经济发展差异和城乡差别的逐步缩小、产业结构优化等作出了很大贡献,推动欠发达的乡村地区经济、社会、环境和文化的可持续发展,可以说乡村旅游对于加快实现社会主义新农村建设及城乡统筹发展具有重要意义。

四、促进农村产业结构优化

我国农村产业结构不合理,第三产业所占比例太小,种植业比重大,导致了农村居民收入普遍不高。发展乡村旅游可以使农村居民以旅游为主业、种植为副业,可以优化农村产业结构,提高农村居民收入。农村居民从以前的主要以务农为生,转变成农商并举,农户可以独立经营,也可以搞股份制旅游企业。引导农村居民大力发展休闲观光农业、生态农业、特色农业,以此发展乡村旅游,还可以延伸农村产业链,通过乡村旅游可以延伸的产业链主要包括旅店经营、农副产品深加工、运输业、装修业、餐饮业以及文化产业等。乡村旅游发展实现了农业和旅游业的有机整合，增加农村第二、三产业的比重，形成了以旅游为中心的产业链，推动了农村产业结构调整。例如，由于大量游客的到来，许多旅游景区的蔬菜、水果、鸡、鱼、肉、蛋等农副产品有了销路，农村居民根据市场需求，大力发展第三产业，增加了农村居民收入，改变了农村产业结构。

五、促进城乡共同发展

乡村旅游以区域合作为契机，使各地乡村旅游企业和景区信息共享，加强各区域之间合作，使城乡之间相互促进，协同发展。贫穷和落后不是乡村旅游应当依托的资源，要倡导积极向上的乡村旅游，大力提升乡村旅游的文化内涵，促进信息化等现代科技手段和现代经营管理方法在乡村旅游发展中的运用，促进乡村旅游品牌化。通过城市居民在乡村消费，实现城乡经济共同发展，可以实现国民收入在城乡的再分配，缩小城乡居民收入差距。通过乡村旅游的发展，也能促进乡村人口素质的提升，进一步加强城乡交流，包括旅游的双向流动，促进城乡一体化发展。

六、具有扶贫功能

我国边远贫困地区往往有丰富的旅游资源，对这些地区进行乡村旅游开发，可以改善当地的基础设施，转变产业结构单一的状况，促进经济可持续发展。由于乡村旅游属于劳动密集型产业，可以带动当地许多居民参与到乡村旅游的服务行业中，尤其是对提高老人、妇女等群体的社会地位起到了积极作用。随着乡村旅游的不断发展，大批游客到来，为了满足游客吃、穿、住、行和娱乐等多种需求，景区引进和创建了许多旅游企业，企业的兴办增加了当地政府的财政收入，与此同时，乡村旅游发展带来的信息流和商品流促进当地居民思想观念更新和自身素质提升，这将提升他们在市场经济中的生存和发展能力，也会对当地经济持续发展起着不可估量的作用。如四川省通过创建旅游扶贫试验区，探索出多种旅游扶贫发展模式，把旅游发展与扶贫攻坚同步推进，确保贫困户分享到旅游发展红利，实现精准扶贫。仅2014年，秦巴山片区、乌蒙山片区、大小凉山彝区和高原藏区就实现旅游总收入2 401.49亿元，占全省旅游总收入的49%，同比增长28.2%，比全省增速高2.2个百分点，带动1 000余万农民直接或间接受益。

第五节　我国乡村旅游存在的问题

一、产品单一、缺乏特色

目前我国许多乡村旅游产品单一，缺乏深度加工和精品设计，品位不高、特色不明显，难以满足游客的需求。随着经济社会的发展，人们对旅游的需求意愿越来越强烈，与此同时，游客的消费心理也日趋成熟，过去那种要么看看风景，要么打牌、喝茶聊天、唱歌、看电视的模式远不能满足游客对旅游的需求，如今更多游客渴望获得旅游体验。目前乡村旅游产品存在的问题大致分为以下几种。

（1）城市依托型的乡村旅游景点，设施一般包括棋牌麻将活动室、卡拉OK室、室外庭院、果园，各个经营户提供的服务项目大同小异，缺乏特色和个性，设计类型雷同，活动模式千篇一律，游客对旅游产品设计不满意，回头客减少。

（2）农业观光型的乡村旅游，可供游人参与农业生产的活动和娱乐活动很少，观光形式单一，在观光过程中，缺乏创新性、知识性、趣味性和参与性，与传统的观光产品相比，只是观赏的对象不同而已，产品的特性没有得到充分体现，不能满足游客多层次、多样化的旅游需求，缺乏吸引力。

（3）民俗风情体验型的乡村旅游，对旅游目的地的民俗、文化内涵挖掘不够,开发不充分,使人感觉观光活动形式单一、内容相似。旅游项目缺乏特色,不能发掘出本地区的民俗文化资源,必将失去吸引力。

乡村旅游产业要发展,首先要挖掘本地旅游资源。在开发方式上由观光型向休闲度假型逐步转变,在收益上由"门票经济"向"产业经济"逐步转变,在增长方式上由数量扩张型向精品型转变,深挖旅游资源的潜力。旅游既是求新、求乐、求美、求知的体验过程,也是一种文化体验过程。旅游和文化的紧密融合,是旅游产品高端化的需要,是对旅游产业的升华。因此,旅游产品应该更加丰富,设计更富有创意,特别是旅游产品中应注入文化元素。要通过挖掘文化内涵与开发创意,加快文化资源与原旅游资源的有机整合,设计出更多、更精致的旅游产品,丰富旅游内容,增加旅游情趣。

二、基础设施投资力度不够、配备不完善

长期以来,我国城乡存在二元经济结构,农村的经济发展与城市存在很大的差距,这种差距严重制约着乡村旅游的发展。例如,农村道路、停车场、洗手间等公共设施相对滞后;客房、餐厅茶楼等主要食宿设施简陋,卫生状况令人担忧。此外,还缺少必要的休息、娱乐、餐饮等设备,大多数游客只能玩牌、喝茶、聊天。许多乡村景点一到周末,由于游客大量涌入,资源有限,为了争夺有限资源,会引发许多冲突,加之当地警力有限,导致治安状况较差,打架斗殴现象时有发生。游客的人身、财产、饮食等的安全都得不到很好的保障,极大地降低了游客的满意度。交通规划缺乏超前意识,往往跟不上乡村旅游发展。道路、停车场等基础建设一旦竣工,再对其进行改造和扩展是很难的,它涉及方方面面的问题。而交通设施直接影响景点的可进入性,是影响景点发展的关键因素,有些景区道路崎岖难行,再加上大多数游客采取"自驾游",导致交

通拥堵、停车位难寻、旅游干道狭窄等，极大地影响了游客的游览兴趣。另外，大多数景点的卫生设施不完善，生活垃圾随意堆放，污水随意排放的现象屡禁不止，旅游经营者缺乏足够的环保意识和措施，这让许多游客都望而却步。有些乡村旅游目的地分布在偏僻的山区、林区、少数民族聚居区，当地部分居民的生态环境意识十分薄弱。加之许多乡村旅游景区，对游客不文明行为也缺乏必要的规范和劝诫，忽视环境保护，许多景点随地乱扔纸屑、果皮、食品袋等垃圾，游客随意践踏绿地，造成了生态和人居环境的恶化，也会造成乡村旅游的吸引力下降。

三、观念落后、服务质量低下

意识是行动的先导，有什么样的意识就会产生什么样的行动。由于广大乡村的信息较为闭塞，村民文化水平不高，缺乏服务意识，加之对乡村旅游从业人员往往没有进行系统有效的培训，因此，乡村旅游不少经营户的服务意识和服务技能较为低下。高素质的乡村旅游管理人才和服务人员十分缺乏。

乡村旅游经营人员和服务人员服务技能和经营观念存在问题，主要体现在以下几个方面：首先，乡村旅游的经营者大多是本地村民，缺乏旅游的相关理论知识，经营管理能力和素质十分有限；其次，他们没有一个长远规划，只顾眼前利益，经营思路狭窄，服务意识比较淡薄；最后，不少乡村旅游企业采取的是家族式管理，任人唯亲，缺乏人才引进和培养机制，难以担任现代旅游企业管理工作。乡村旅游企业服务人员一般由当地村民担任，多数没有参加过任何形式的旅游服务技能的正规培训，服务水平和技能不高，服务意识需要进一步强化。另外，导游质量好坏也是影响乡村旅游发展的一个重要因素，在乡村旅游发展中，导游也是一个短板，当地导游很少能够接受系统的培训，绝大多数只能根据导游词照本宣科，除此之外，对旅游景点一知半解，经不起游人的追根溯源，满足不了游人强烈的求知欲望。要搞好乡村旅游，必须以游客需求为导向，以游客满意为目标，加快推进旅游标准化建设，搞好个性化服务，严厉打击各种违法违规行为，努力创造充满人文关怀的旅游环境。

四、乡村旅游规划滞后、盲目开发

从乡村旅游规划来看，乡村旅游发展缺乏总体的科学规划，导致乡村旅游发展具有盲目性。各级政府都高度重视乡村旅游，村民参与发展乡村旅游的积极性很高，政府把它作为发展当地经济的抓手，村民认为乡村旅游是快速脱贫致富的好平台，在这些想法的支配下，许多旅游景区没有对旅游资源进行有效的论证和规划，就匆忙上马，或者存在边开发边规划的思想，景区规划远远落后于景区发展，由于缺乏科学的规划与管理，没能充分认识到环境有限承载能力和民俗文化遗产的易损性，因而容易导致环境和民俗受到冲击。经营者在经营过程中，忽视了乡土性是乡村旅游的核心特征和基本依托点，盲目引进工业化、城市化的旅游产品形式，对农业旅游资源缺乏有效利用，导致了乡村本土文化遭受破坏，效果欠佳。

五、缺乏全面、有效的对外宣传措施

再好的旅游产品和服务，也需要宣传和包装。"好酒不怕巷子深"是传统营销的产品观念，强调产品的质量，不重视推销和促销，这只能适用于卖方市场，随着工业化进程的加速，旅游市场也由卖方市场逐渐转向买方市场，现代营销理论告诉我们，"好酒也怕巷子深"。乡村旅游景区要对目标市场进行有效细分和准确的市场定位，这样才能搞清顾客的需求。要加大对旅游景区的宣传力度，在市场营销上下真功夫。要利用互联网和信息技术宣传我们的旅游产品，通过线上线下互动，让游客了解企业和景区，了解旅游产品，所以，营销要有创新的手段，要向游客展示企业的卖点。对游客和目标市场要进行深入调研，了解他们的需求，调查他们对本企业服务质量是否满意，有针对性地采取改进措施。

我们对四川部分乡村旅游景区进行调研，发现有以下问题。其一，部分景点的旅游宣传手段单一，缺乏创意。宣传停留在宣传单、景区情况介绍、景区宣传碟片的老模式，没有新颖性，导致游客关注度低。其二，信息传播途径少。有些景区没有利用互联网对景区进行有效传播，靠游客和当地电视台宣传，传播范围十分有限。其三，虽然利用互联网等工具和媒介进行宣传，但相关宣传信息和资料内容不够全面，对乡村旅游景点的吸引力不强，营销内容缺乏新意。加上前面提到的产品设计不合理、不全面、无创意等问题，导致现在的乡村旅游宣传措施不力。

六、乡村旅游带来的负面影响日益严重

随着乡村旅游的开展，游客大量涌入，如果不能进行有效管理，乡村的生态环境将遭到破坏，人文环境特色会逐步减弱。开展乡村旅游，大批游客需要接待，要满足游客衣、食、住、行等需求，游客在景区游玩和生活，势必造成大量的生活垃圾。"自驾游"已经逐步成为乡村旅游的重要组成部分，相应地造成汽车尾气排放增加，也会造成景区空气质量下降。在开发建设过程中，建设产生的垃圾以及缺乏系统规划的乱建使富有田园气息的自然景观也遭到一定程度的破坏，给这些旅游景区带来巨大挑战。另外，当地农户认为发展乡村旅游是"一本万利"的事情，投入小，回报高，在这种想法的推动下，很多地方加快了乡村旅游的开发步伐，导致乡村旅游项目盲目上马，其结果是很多地方的乡村旅游项目以失败告终，同时又导致了农田的荒废，农业环境遭到破坏。在乡村旅游开发中，不进行科学

规划和最严格的生态保护制度，必然会造成生态恶化。加之现代都市文明强势的影响力，处于弱势地位的乡村传统文化会向其靠拢，造成当地文化特色减弱甚至被同化，使人文环境特色弱化。

第六章 乡村旅游发展模式

第一节 城市依托型

城市依托型乡村旅游主要为满足城市居民渴望摆脱快节奏、城市喧嚣、交通拥挤、环境污染等"城市病"的需求，使其在城市近郊享受田园风光、自然风景和简单朴素的农家生活。

城市依托型主要是指"农家乐"形式的乡村旅游。"农家乐"一般位于大中城市近郊，具有良好的交通条件，旅游者能够在较短时间内到达，主要以浓厚乡土气息和独特自然风光为卖点，往往是以当地农村居民为经营主体，利用自家庭院、良田、鱼塘、农作物及周围的田园风光和地方资源为特色，吸引游客前来吃、住、玩、游、娱、购等。"农家乐"最早产生于20世纪80年代末，首先出现在特大城市的郊区，主要让游客通过"吃农家饭""干农家活""品农家茶""住农家屋"等体验农家生活。随着城市化进程加快，许多中等城市，甚至小城市的近郊也开始兴办"农家乐"。目前，城市依托型农家乐有以下类型。①农业观光农家乐。利用田园农业生产及农家生活等，吸引游客前来观光、休闲和体验。②民俗文化农家乐。利用当地民俗文化，吸引游客前来观赏、娱乐、休闲，如四川省泸沽湖的民俗风情农家乐。③民居型农家乐。利用当地古村落和民居住宅，吸引游客前来观光旅游，如广西阳朔特色民居农家乐。④休闲娱乐农家乐。以优美的环境、齐全的设施、舒适的服务，为游客提供吃、住、玩等旅游活动。

第二节 休闲度假型

休闲度假型乡村旅游旨在满足现代都市人为了缓解工作和生活压力,利用假日外出使其精神和身体得到放松。为了给旅游者提供良好的休闲环境,此类型往往依托优美的自然风景、清新空气、温泉、生态良好的绿色空间,结合独特人文环境、地缘优势和便利交通条件,兴建一些休闲、娱乐设施,为游客提供休闲、度假、娱乐、餐饮、健身等服务。休闲度假型乡村旅游主要有以下几种类型。①休闲度假村。以山水、森林、温泉为依托,以齐全、高档的设施和优质的服务,为游客提供休闲、度假旅游。②休闲农庄。以优越的自然环境、独特的田园景观、丰富的农业产品、优惠的餐饮和住宿,为游客提供休闲、观光旅游。③乡村酒店。以餐饮、住宿为主,配合周围自然景观和人文景观,为游客提供休闲旅游。

第三节 农业观光型

农业观光型乡村旅游是指以优美的乡村绿色景观和田园风光及独特的农业生产过程作为旅游吸引物,吸引城市居民前往参观、体验、购物和游玩。它是将观光旅游与生态农业结合在一起的一种旅游活动,它的形式和类型有很多,是以龙头企业为经营主体,以农业生态文化和农村生活文化为核心,通过规划、设计与施工,吸引游客前来观赏、品尝、购物、习作、体验、休闲、度假的一种新型农业与旅游业相结合的生产经营形态。它以农村田园景观、农业生产活动为旅游吸引物,开发农乡游、果乡游、花乡游、渔乡游、水乡游等不同特色的主题旅游活动,满足游客体验农业、回归自然的心理需求,农业观光型乡村旅游主要有以下几种类型。①观光农园:在城市近郊或风景区附近开辟特色果园、茶园、菜园等，让游客入内摘果、采茶、赏花，享受田园乐趣。②农业公园：按照公园的经营思路，把农业生产场所、农产品消费场所和休闲旅游场所结合为一体。③农业科技游：以现代农业科技园区为重点，开放园区高新农业技术和品种、温室大棚内设施农业和生态农业，使游客增长现代农业知识。④务农体验游。通过参加农业生产活动，与农民同吃、同住、同劳动，让游客接触实际的农业生产、农耕文化和独特的乡土气息。

第四节 文化旅游型

乡村文化旅游是以乡村民俗、乡村民族风情以及传统民族文化为主题，将乡村旅游与文化旅游紧密结合的旅游类型。它有助于深度挖掘乡村旅游产品的文化内涵，满足旅游者文化旅游需求，提升产品档次。它以民俗历史文化气息和乡村的青山绿水为主题，凸显农耕文化、乡土文化和民俗文化特色，形成融文化、民间技艺、民俗、节庆活动、乡土气息于一体，兼具观赏性、娱乐性和参与性的休闲度假旅游目的地。比如，四川省古蔺县的花灯表演。古蔺花灯是自唐朝以来盛行于古蔺县境内的一种民间歌舞，距今已有近千年历史，花灯小品《醉花灯》、花灯歌曲《灯闹永乐》深受当地居民喜爱，作为每年春节和元宵节的传统节目，古蔺花灯在当地人心中占有不可或缺的精神文化食粮的地位。古蔺永乐镇依托花灯特色的民俗舞蹈，开展乡村文化旅游，花灯节开幕式后，依托永乐镇千亩柚子、千亩桄柑、万亩甜橙、酱酒园区、环境生态等资源优势，还办有鲜果采摘活动、"百姓大舞台"歌手大赛、垂钓比赛、原生态花灯展演、农特产品和酒业展销活动等。

第五节 景区配套型

　　景区配套型乡村旅游主要依托著名景区，目标顾客是景区的游客，游客在对景区的自然风光和良好的生态环境体验之余，会产生对周围村庄的田园风光和农家生活的派生需求。为了满足游客上述需求，产生了景区配套型乡村旅游。景区边缘地带是我国开展乡村旅游最早的地方，景区附近农村居民依托旅游景区游客市场，发展特色农业、养殖业、种植业，以规模化接待为主，对土地成片开发，开展具有观光、学习、教育等功能的乡村旅游，突出乡村生产生活的民俗旅游活动。把附近旅游景区（点）的部分服务功能分离出来，吸引周边农民参与旅游接待和服务，并融入一些乡情活动，从而促进农民增收致富和周边乡村发展。

第六节 古村落依托型

　　中国古村落保护与发展委员会认为，中国古村落是指那些已经有五六百年以上历史的村寨。古村落模式是指以浓厚的古村落文化和特色古村落建筑为核心吸引物，以保护为主，因势利导开发旅游，促进乡村发展的一种模式。古村古镇旅游是当前国内旅游开发的一个热点问题，也是乡村旅游体系中一个比较独特的类型，以其深厚的文化底蕴、淳朴的民风和古色古香的建筑遗迹等特点受到游客的喜爱。但是，旅游开发中保护与开发之间的矛盾，传承与商业化之间的博弈等，也给景区发展带来了诸多限制。因此，古村古镇旅游要实现高效、可持续发展，需要探索出一条既最大限度保持历史文化面貌，又能弘扬传统文化，充分发挥旅游经济效益的发展模式。我国古村古镇的保护和开发始于20世纪80年代，这个时期主要以江苏省昆山市周庄和安徽省黟县西递村为主。20世纪90年代，在长江三角洲、皖南地区、江西吉安地区开始初步形成古村古镇的保护和开发群。1999年，联合国教科文组织第二十四届世界遗产委员会上，将西递、宏村两处古民居列入世界文化遗产，开启了我国古村古镇保护和开发的热潮。2003年，建设部和国家文物局共同启动中国历史文化名镇名村评选活动，进一步将这种热潮推向高潮。目前，我国的古村古镇群主要分为太湖流域的水乡古镇群、皖南古村落群、川黔渝交界古村镇群、晋中南古村镇群、粤中古村镇群等，类型涵盖了乡土民俗型、传统文化型、革命历史型、民族特色型、商贸交通型等，基本上反映了不同地域历史文化村镇的传统风貌。随着人民生活水平的提高，"寻找失去的家园"成为一种旅游时尚，我国现存古村古镇的巨大价值得以通过市场继续体现，成为了推动经济发展的重要旅游资源。

第七节 科普观光型

科普观光型为游客提供了了解现代科技农业的机会，通过理论与实践相结合，了解和学习农学、生物学等方面的知识，有助于游客拓展视野、增长知识和陶冶情操。利用先进的农业技术建立现代农业示范园，以农业生产为本，以种养产业为核心，重视现有设施栽培、生态养殖、立体种养、种养加工一体化、有机农业等高效生态农业模式的功能拓展，通过农业基础设施、基本装备等与休闲观光功能的有机结合，推进传统农业的升华和农业现代化建设，积极引进适合休闲观光农业发展且品质优良的特种蔬菜品种、水果、花卉和其他观赏植物，重视引进先进的农业种植模式和栽培技术，提高科技含量，积极开拓市场，提高农产品的产量、质量和销售量，同时向游客普及现代农业知识。通过创建风景旅游点，既有效推广了现代农业示范园区的优良农产品，又为广大市民提供了高质量的休闲观光场所，有力地提升了农业附加值。

第七章 乡村旅游营销

乡村旅游作为美丽乡村建设的重要模式已经进入了新的发展阶段,认真分析现状,发现问题,树立科学的乡村旅游市场营销理念,并采取行之有效的策略,对于提高乡村旅游产品的竞争力意义重大。乡村旅游营销是指基于乡村旅游市场的游客需求而进行的一系列商业活动的过程。本章主要讨论乡村旅游营销的五个方面的问题:乡村旅游市场细分、乡村旅游的产品策略、价格策略、渠道分销策略及促销策略。

第一节 乡村旅游市场细分

面对有不同旅游需求和欲望的游客,任何乡村旅游产品都不可能满足市场上全部游客的所有需求。乡村旅游经营者只能根据自身的优势与资源,从事某方面的生产、营销活动,选择适合自己经营的目标市场,以满足一部分旅游者的相关需求。因此,乡村旅游要通过基本的市场细分来选定自己的目标市场,进行市场定位,以便制定有效的旅游市场营销战略和对策。通过市场细分的作用可以帮助乡村旅游经营者发现市场机会,掌握目标市场的特点,从而制定市场营销组合策略,提高乡村旅游企业的竞争能力。

乡村旅游市场细分是指企业根据旅游者特点及其需求的差异性,将一个整体市场划分为两个或两个以上具有相类似需求特点的旅游者群体的活动过程。由于旅游者的购买欲望、购买实力、地理环境、文化、社会、购买习惯和购买心理特征的不同,决定了旅游者之间的需求存在广泛的差异。通俗地讲,旅游市场细分就是将一个大市场划分为若干个小市场的过程,将在某一方面具有相同或相近的旅游需求、价值观念、购买心态、购买方式的消费者分到一起。

一、乡村旅游的需求类型

人们对乡村旅游最重要的需求可以抽象概括为一种对乡村"意象"的梦想,它是对"乡村之美"的追求,这种由乡村的"意象"给人们所带来的"乡村之美",是乡村旅游业赖以生存和发展的永不衰竭的源泉,这不仅包含对乡村田园风光、民俗风情的审美欣赏,还包括对乡村生活与农业生产劳动体验的向往。随着乡村旅游市场从观光旅游向休闲旅游和康体度假旅游发展,乡村旅游的需求类型大致分为以下五类:

(一)对回归自然的渴望

由于我国城市生活环境越来越拥挤,城镇居民已厌倦了喧嚣紧张的城市生活,希望通过乡村旅游暂时远离喧嚣的生活环境,寻求一种回归自然的享受并通过参与各种农事活动获得身心的放松和娱乐。

(二)求新求知需求

我国城镇居民,平时跟农村很少有往来,由于长期生活在都市,他们缺乏对于农村、农事和大自然的基本了解,尤其是少年儿童,对乡村旅游地各种独特农村设施和淳朴民风民俗的好奇,使得越来越多的城市居民前去乡村旅游景区旅游,了解当地的文化习俗、民间艺术等,拓宽视野,感受文化艺术之美,扩大知识视野和陶冶情操,以满足自己求知求新的需求。

(三)怀旧情结驱使

首先,由于我国特殊的历史,很多人都曾下乡插队当知青,有过在农村生活、劳动的经历,尤其是 20 世纪 60 年代到 70 年代知识分子接受贫下中农再教育运动,使相当一部分城市居民与农村、农民发生了或多或少的直接、间接的关系。这部分人多有重新感受那种田野风情,缅怀当年往事的怀旧情结。

(四) 康体养生需求

随着我国老龄化时代的到来,除了传统乡村旅游业态以外,更出现了康体养生、山地运动等乡村旅游新需求,为乡村旅游的发展开拓了新的空间。乡村旅游者,希望能够享受城市环境所不能带来的精神上的感受及物质上的需要,因此他们会更加注重农村的生态环境是否良好,食品是否绿色卫生,空气是否清新等,同时在这里进行一些体育活动,强身健体。

(五) 参与互动意识

随着旅游者的日益成熟,城市居民越来越期望能够主动参与到乡村旅游活动中。如以往对农家乐的需求,主要体现在餐饮上,最近几年游客期望"参与互动性娱乐"的要求越来越高,不但要求欣赏到独具特色的乡村旅游,而且还可以亲自采摘果实和干农活,或让游客参与乡村旅游商品的生产、制作过程,既充分调动了游客的好奇心,又能让游客体验到自己创作的意义,满足游客的心理需求。游客能够全方位地主动体验乡村生活,这样更能加深游客对乡村生活的印象。

当然,我国城市居民参加乡村旅游的需求是多方面的,并由此构成人们对乡村旅游的复合型需求。

二、乡村旅游目标市场策略

随着人们生活水平的提高,很多都市人都热衷于乡村旅游,使乡村旅游成为都市生活的主要部分。以城市居民为客源市场的乡村旅游开发可以考虑将适合自己的目标市场确定在周末工薪阶层乡村旅游市场、城镇学生乡村旅游市场、以家庭单位出游的乡村旅游市场以及私营工商业的业主、城市个体、离退休职工乡村旅游市场和入境游游客等几个细分市场上。

耕育农园——让孩子在劳作中收获知识

耕育农园是农场经营者以农业生产、自然生态、农村生活文化等资源为内涵，对中小学生或一般游客设计体验活动，经由翔实的解说服务方式，满足游客知性的需求，完成自然教育，同时促进城乡交流的一种休闲农业经营形态。

目前，都市的很多小朋友，对农产品常识了解不足，是一个非常值得关注的课题，自然教育就是最好的解决办法。现在自然教育课程大都是一些商业机构组织，费用在100~400元，但是仍有很多家长愿意带孩子参加课程。有商业机构表示每次推出的课程报名人数都会远远超过预期。在中国环境污染严重的情况下，通过在农园中学习自然教育课程，引导孩子了解大自然，爱护环境，在教学过程中唤起孩子珍爱自然的自觉意识，培养户外自然环境的观察及认识能力，保护认识环境从娃娃抓起。

知识卡片　以市场为导向的乡村旅游产品开发的一般模式

以市场为导向的乡村旅游动机和旅游产品开发形式见表7-1。

表7-1　以市场为导向的乡村旅游动机和旅游产品开发形式

旅游动机（市场对产品需求）	旅游产品开发形式（或措施）
欣赏优美质朴的乡村风光（或田园风光）、回归自然、体验良好的生态环境	美化乡村环境，尽量保持乡村的自然性与原始性，村庄建设要规划，规模要限制，风格上要符合当地特色，体量与颜色要与大环境相协调，按季节变化种植不同农作物（水果蔬菜），营造独特的田园风光，体现人与自然的和谐
欣赏独特的民俗风情	让游客能直接参与体验真实的民俗活动，或以民俗馆（表演）进行集中展示
求知与教育孩子	介绍农业知识，让游客能参观或参与农事活动（工艺制作），体验农家日常生活

(续表)

旅游动机 (市场对产品需求)	旅游产品开发形式(或措施)
从事野趣活动	提供有关工具,开展垂钓、捕鱼、捉蟹、捉鸟等活动项目(必要时传授有关知识与技巧)
参观高科技农业园	运用现代高科技,开发集观光、采摘、制作、餐饮等为一体的多功能、富特色的农业园
欣赏独特的自然或人文景观	将独特的自然或人文景观直接转化为旅游产品(必要时挖掘与丰富文化内涵),让游客游览观光,并给游客介绍有关景观的文化内涵
品尝(购买)地方土特产	开发当地特有的粮食、蔬菜、水果、家禽动物、茶叶等土特产品,采用独特的烹饪技术,为游客提供地方特有的饮食品
参与娱乐活动	开发漂流、攀岩以及一些富有地方特色的竞技活动

乡村旅游产品是营销的载体,乡村旅游营销要继续加快产品的开发速度,适应目标市场的个性化需求。同时完善旅游产品的配套服务设施建设,提升旅游服务质量,提高市场的美誉度和认可度。根据各个旅游细分市场的独特性和乡村旅游企业自身的目标,共有三种目标市场策略可供选择。

(一) 实施差异化策略

实施差异化策略,就是指乡村旅游企业根据各个细分市场的特点,相应扩大乡村旅游产品的种类,以充分适应不同消费者的不同需求,并以此制定不同的营销办法,从而扩大销售量。目前,乡村旅游产品雷同,市场竞争激烈,实施产品差异化策略迫在眉睫。实施差异化策略在具体的思路方面可以考虑:一是增加寻幽探险和健身内容,如定向越野、生存游戏、漂流、冲浪、空中滑翔、翼装飞行、帐篷营地等个性和时尚的旅游方式。农村的丘陵、山地、草原、河流和湖泊为这类活动的开展提供了条件;二是推出各项专题旅游,如"城市上班族,假日做农夫""市民小菜(果)园""教你编织和使用农具"等专题旅游,丰富旅游产品;三是注重开发休闲农业旅游产品。

休闲旅游,让途牛与众不同

截至北京时间 2014 年 5 月 9 日 22:45,继携程、艺龙和去哪儿之后,途牛成为中国第四家上市的 OTA 企业,也是其中唯一一家主打"休闲旅游"概念的差异领先者。

在纳斯达克敲钟现场,途牛旅游网 CEO 于敦德不无感慨地说:"8 年前,我们预见了休闲旅游的巨大市场空间,进入了这个对我们来说全新的陌生行业,树立了'让旅游更简单'的使命,并一直专注至今,创建了一个可信赖的休闲旅游品牌。今天,我们很高兴地看到,我们已经建立了行业领先地位,并不断引领行业发展。我们预见并促进了行业的分工合作,通过将休闲旅游与互联网结合加速了行业效率与体验的提升,同时不断引领行业标准的建设。"

优点:在乡村旅游产品设计或宣传推销上能有的放矢,分别满足不同地区消费者的需求,可增加旅游产品的总销售量,同时可使乡村旅游企业在细分小市场上占有优势,从而提高市场占有率,在消费者中树立良好的企业形象。

缺点:会增加各种费用,如增加乡村旅游产品的改良成本、制造成本、宣传管理费用等。

丽江格拉丹帐篷酒店

特别的营地,离天最近的帐篷酒店——丽江格拉丹帐篷酒店营地,是国内首家低碳环保绿色的高端帐篷度假营地,是国内第一家五星级的帐篷营地,也是世界上唯一的高海拔帐篷酒店。格拉丹草原是老君山国家公园的一部分,是一个没有被外界打扰过的世外桃源,被称为"天上的草原、丽江的最后一片净土"。营地海拔 3 600 米,拥有一座 42 平方米帐篷房、全景观卫浴间、帐篷餐厅、帐篷书吧、73 平方米的帐篷酒吧,房价包括三餐，中餐有虫草炖鸡，晚餐有烧烤啤酒。一切都保留最自然的状态，有180°落地玻璃全景观，在帐篷里一览草原美景：甩着尾巴的牦牛、慵懒的绵羊，错落有致的帐篷。在这里完全释放天性，回归真实的自我。

（二）保持乡村文化特色

农村环境的独特性形成了城市居民对乡村旅游的巨大需求，乡村旅游开发应立足于自身的生态农业特色和文化特点，把相关文化资源、文化素材旅游化，提高文化品位，增强游客的参与性，设计出高质量的乡村文化旅游产品。乡村旅游经营要依据自身的地域环境，寻找独特的发展方向，并且尽可能地形成规模、形成景观效应。如滨州市香坊王村大地乡居、八大主题宾舍、一间房一个故事。以乡村闲置农宅为依托，集合地方风物特产与地域文化元素，创意出精致且带有浓郁地域标识的时尚乡土度假空间，打造集主题住宿、休闲餐饮、创意农礼购物、乡村沙龙活动等多种功能于一体的小而美的乡居艺术客栈。

（三）积极拓展产品组合

乡村旅游的精髓是自然生态与传统文化的完美结合，具有很大的市场发展潜力。可以通过对休闲度假、农业修学、考察、土特产品购物等类型乡村旅游产品的开发，拓展旅游产品组合宽度；通过与生态旅游和民俗文化旅游的紧密结合进行产品创新，增加产品组合的深度。具体思路有：与修学旅游相结合；与广博的乡村食文化相结合；与养老业开发相结合；增加乡村的科技含量。

进行乡村旅游市场细分，准确定位市场目标，主要是选择城镇区域或者经济发达地区中具有回归自然、享受自然甚至是保护自然等需求的旅游者。但由于各乡村旅游产品所处地理区位环境、资源特性、知名度、种类及其生命周期、主体经营实力及市场营销战略等的不同，在具体选择目标市场时也是不同的，所采用的策略也不一样。在实际操作中，要依据各地方经济状况、发展水平、交通状况等来确定目标客源市场区域和开拓市场的先后顺序。与乡村旅游产品距离近的市场和富裕起来的地区和人群都可以作为潜在目标市场。要改变由空间距离一种因素决定目标市场的做法，在目标市场选择过程中，要从营销主体资源、目标、竞争优势和市场规模等方面对细分市场进行评估，所选择的目标市场必须与生态旅游市场营销主体的经营目标、产品形象、所拥有的经营资源等相符合，否则，就应该放弃此类细分市场。

北京"紫海香堤"多元创意产品组合模式

"紫海香堤艺术庄园"位于北京密云区古北口镇汤河村，其核心区占地面积为 20 公顷，主要种植了薰衣草、紫苏、马鞭草、洋甘菊等世界 200 余种珍贵香草品种，是北京市规模最大、品种最全的香草种植园，是一个集养生、度假、休闲、体验、艺术创作、婚纱摄影、影视拍摄为一体的综合性都市型现代农业观光旅游区，也是集"现代都市型农业""情景式休闲度假"与"文化创意产业"三位一体的文化旅游模式。香草园以创意为切入点，以爱情为主题，浪漫为形式，通过对香草文化的包装和利用，极力塑造普罗旺斯式的浪漫氛围，打造"长城脚下的普罗旺斯"，创造了创意农业产业发展的一个新模式。

第二节 乡村旅游的产品策略

旅游产品是指能提供给市场，用于满足旅游者某种欲望和需求的旅游吸引物，包括提供旅游服务的载体、旅游服务、旅游活动场所、经历体验等。即旅游目的地向游客提供一次旅游活动所需要的各种服务的总和。乡村旅游产品是营销的载体，要继续加快乡村旅游产品的开发速度，适应目标市场的个性化、多元化的需求。同时完善乡村旅游产品的配套服务设施建设，提升旅游服务质量，提高市场的美誉度和认可度。乡村旅游产品要注重开发的功能，要求产品有独特的卖点，把旅游产品的功能诉求放在第一位。

一、旅游产品的生命周期策略

产品生命周期理论对于乡村旅游企业分析产品市场中的地位和发展趋势，及时开发新产品，改良过时产品，有针对性地制定正确的产品策略都有重大意义。生命周期是指旅游产品在市场上维持的时间长度，其中包括导入期、成长期、成熟期和衰退期四个阶段，如图7-1所示。

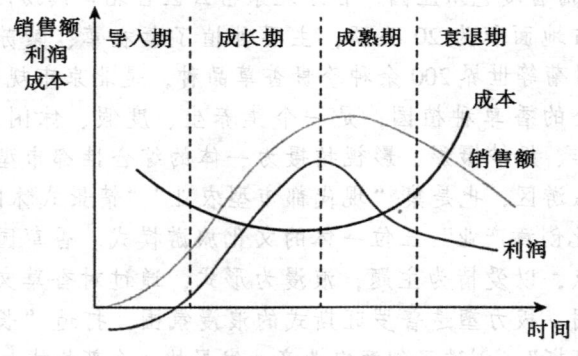

图7-1 产品市场生命周期

（一）推出期（导入期）

由于旅游产品尚未被消费者了解和接受，因此旅游者的购买很多是试探性的，几乎没有重复购买，导致销售量增长缓慢。并且为了使旅游者认识旅游产品，旅游企业又需要做大量广告和促销工作，使旅游产品的投入和销售费用较大，导致旅游企业往往利润极小，甚至亏损。

营销策略：当乡村旅游产品处于导入期，促销的主要目标是使旅游者认识乡村旅游新产品。乡村旅游企业宜以一种低姿态的方式，采用缓慢渗透策略进入市场，进行各种的广告宣传和营销公关，运用各种促销手段宣传，使市场尽快接受乡村旅游产品。通常的方法是媒体宣传或组织业内人士考察，直接通过邮件、微信（微博）促销。随着产品知名度打开，再慢慢提高价格，收回投资。

（二）成长期

由于前期旅游宣传促销的效果出现，旅游者对乡村旅游产品逐渐熟悉，越来越多的人购买乡村旅游产品，重复购买者也逐渐增多，使乡村旅游产品在市场上开始有一定的知名度，乡村旅游产品销售量迅速增加，销售额迅速增长，增长率在10%以上。

营销策略：当乡村旅游产品处于成长期，促销的主要目标是增进旅游者的兴趣与偏好，扩大乡村旅游产品的销售量。这时，乡村旅游广告仍需加强，但广告的重点在于宣传乡村旅游产品的品牌和特色，同时强化旅游公共关系的作用，旅游营销推广活动则应相应地减少。改进乡村旅游产品，进一步完善基础设施的配套建设，提高乡村的可进入性，同时加强促销，努力扩大市场占有率，增加乡村旅游产品品种，开拓新市场。

（三）成熟期

在这个阶段，由于很多的乡村旅游产品进入市场，扩大了旅游者对乡村旅游的选择范围，使旅游市场竞争十分激烈，加上一些新乡村旅游项目对原有旅游产品的替代性，使旅游产品差异化成为市场竞争的核心。但是销售额的增长幅度越来越小，一般在1%~10%。

营销策略：当乡村旅游产品处于成熟期，这时竞争者增多，广告侧重点应在于突出本产品区别于竞争产品的优点。同时要增加促销投入，给旅游者以优惠，配合使用人员推销和营销公关，以稳定乡村旅游产品的销售。同时应开发新市场，提升产品质量，提升旅游技能，旅游服务标准化，增加服务项目，用差异化战略来吸引旅游者，可从服务、价格或产品的功能等方面将自己与其他同类产品区别开，开辟多种销售渠道；开发新产品，适应游客日益变化的旅游需求。

(四) 衰退期

衰退期是指乡村旅游产品进入了更新换代的阶段，由于新的乡村旅游业态已进入市场并逐步地替代老业态，除少数名牌乡村旅游产品外大多数旅游业态销售量逐渐减少。这时，旅游企业若不迅速采取有效措施使乡村旅游产品进入再成长期，以延长旅游产品的生命周期，则旅游产品将随着市场的激烈竞争以及销售额和利润额的持续下降而面临转型、转产或倒闭。

营销策略：当乡村旅游产品进入衰退期，市场上出现了旅游新产品，这时乡村旅游企业应以旅游营业推广为主，保持提示性的旅游广告，吸引偏爱的旅游者继续购买旅游产品，以便回收更多的资金；降价也是遏止或减缓衰退的最有效的办法，可将原投入的资源集中于一些最有利的细分市场和销售渠道中，缩短经营战线，适当改进也可以达到更新市场形象、刺激消费的作用，着手新产品的投放，完成乡村旅游产品的更新换代。

二、乡村旅游新产品策略

产品创新是现代企业发展的焦点。乡村旅游产品设计创新是一个以旅游目的地可持续发展为导向，全方位提高产品质量、拓宽产品功能的系统工程。它至少包含两层含义：其一，从单个乡村旅游产品项目来看，创新表现为充分利用旅游资源和促使旅游资源的有效配置，达到旅游产品质量的提高和功能的增强；其二，从产品生命周期过程考察，它贯穿于乡村旅游产品的规划设计、制造与维护、营销、消费等全部过程，是旅游产品质量创新、功能创新、管理创新的一种组合创新过程。

乡村旅游产品具有一般旅游产品的共性,但乡村旅游产品也具有其特殊性,因此,乡村旅游新产品开发要遵循:市场需求原则、注重特色原则、择优开发原则、可持续发展原则。

大理乡村旅游——择优开发

依托优美的自然风光、独特的民俗风情和保存完好的古镇村落景观,大理白族自治州通过彰显特色,择优开发打造一批特色旅游乡村,催生起一股"乡村旅游"热。首先是大理洱海东岸的千年古渔村双廊,随着乡村旅游业的发展,渔舟在波光粼粼的洱海上荡漾,延伸至湖面的半岛上白族民居式的客栈林立,使这个原本名不见经传的小渔村已经成为知名的旅游度假目的地,2013年接待游客量达135万人次。在大理,双廊这样的特色旅游乡村还有很多。以特色产业为支撑的鹤庆新华村银器制作、剑川狮河村木雕制作;以民族风俗文化见长的云龙诺邓白族古镇、南涧宝华镇彝族"跳菜"之乡;以茶马古道文化为依托的剑川沙溪寺登村、弥渡密址古镇、祥云云南驿;以"农家乐"体验项目为主体的洱源梨园村、宾川鸡足山镇寺前村等旅游特色乡村已成为人们度假休闲的好去处。

旅游新产品的开发,是旅游业长期生存的必要条件,也是旅游企业保持活力和竞争优势的重要途径。乡村旅游企业通常可以采用以下几种策略开发新产品:

(一)乡村旅游全新产品导入策略

新产品通常需要大量的广告预算来唤起消费者的注意并促成最终购买。乡村旅游企业在旅游新产品投入期的策略思想重点应突出一个"快"字。在制定营销策略时,一方面,要认识到新产品的优势、特色,敢于在促销方面投入;另一方面,对竞争带来的风险、压力要有足够的估计,果断迅速地采取措施,促使它较迅速地进入成长期。把握市场变化、适应乡村旅游消费者的需要,抢占市场先机。同时,应加大广告宣传力度,运用各种促销手段，宣传产品特性，实行全方位推销策略，使产品尽快提高市场占有率。

(二) 乡村旅游产品更新策略

1. 乡村旅游资源重组策略

乡村旅游资源是旅游产品开发的依托。乡村旅游企业开发新产品，必须更新资源观念，重新认识现有的旅游资源，一是以市场为导向组合资源，要能够激发旅游者的旅游动机，满足或创造旅游需求。二是以文化为纽带组合资源。可分别以自然要素为对象的生态文化、以宗教与民俗为主题的传统文化、以高新科技和新文化为代表的现代文化等多种类型的文化特色来组织开发新产品。三是以经济效益为导向组合资源。在充分利用和挖掘其旅游资源优势的基础上，推动乡村旅游资源的优化组合。

乡村旅游示范县提升旅游产品形象

河北涉县是全国休闲农业与乡村旅游示范县，具有悠久的农耕文化和丰富的乡村特色景观。为庆祝新中国成立60周年，涉县对全县红色旅游资源进行重新整合，主打红色文化牌。该县整合八路军一二九师司令部旧址、左权抗日殉国公墓、晋冀豫边区政府等红色旅游景点，推出"游红色圣地，留红色记忆""品农家饭菜，赏革命剧目""轻松游览一二九师，深刻感受革命圣地"等系列红色套餐以及"当一天八路军"体验式活动，并新增加了推石碾、纺线等特色活动，让前来接受教育的青少年穿八路军衣、吃八路军饭、唱八路军歌，推出"红米饭""南瓜汤"等特色美食，让游客追忆红色岁月的同时，一饱口福。

2. 乡村旅游产品升级策略

由于旅游需求的拉动与市场的不断完善，乡村旅游市场竞争不断加剧，必须通过产品升级策略不断地营造新的产品来延长旅游产品的生命周期，以满足不断变化的市场需求。

（1）提升旅游产品形象。旅游产品形象影响着人们对其心理的感知程度。提升旅游形象是指在原有乡村旅游产品形象的基础上提炼新形象，从而使旅游者从一个全新的角度来认识原旅游产品，并产生强烈的兴趣。

（2）提高乡村旅游产品品质。提高旅游产品品质的一个重要途径是持续地对旅游产品规划设计与管理进行完善与改进，对原有旅游资源进行深度开发，不断丰富原有旅游产品的内容。包括实体产品开发（农副产品、乡村纪念品等）和服务产品开发（餐饮、民宿、教育、游乐等），与模式创新类似，需要本地化思维和跨界思维，如纵向的包括根据本地消费市场习惯及农产品资源情况，开发若干小而美（品质优良、包装独特、产品背后故事吸引人）的产品线，主攻景区在地消费。

（3）提高旅游产品的科技含量。引入和应用高新技术，设计大创意、大手笔的旅游产品。比如将城市儿童职业教育体验项目概念引入休闲农园，开发成乡村版的职业教育体验项目产品，将美国童子军训练营及网络游戏中的练级系统和荣誉系统引入乡村夏令营生存体验营项目产品中，促进消费者与项目的高度黏合。

云南昭通大山包翼装飞行首次表演

云南昭通市大山包景区，位于云贵高原北部，海拔约 3 100 米，风光秀美，山势险峻。作为国家级自然保护区，是国家一级保护动物"黑颈鹤"的主要越冬栖息地。被国际翼装飞行组织认证为"世界最高公路直达跳点翼装飞行基地"。于是在前期开发的基础上，昭通大胆引入和应用高新技术，设计大创意、大手笔的旅游产品。2015 年 11 月 2 日，第四届 AOPA 国际飞行大会暨 2015 首届昭通国际翼装飞行爱心世界杯赛，在昭通大山包景区进行首次试飞，标志着赛事正式启动。飞行画面引爆探险旅游爱好者的激情。全世界仅有600多人玩翼装飞行。翼装飞行打响大山包景区的名气，国际翼装飞行赛事有望落户云南。

三、乡村旅游的品牌策略

通观乡村旅游产品的发展情况，近几年逐步形成一些乡村旅游品牌，如浙江湖州乡村生态旅游、河南安阳林州太行大峡谷、洛阳市栾川重渡沟、贵州西江千户苗寨、云南大理双廊乡村客栈休闲游等，乡村旅游渐为人们接受、认可，并慢慢成为周末放松、休闲的理想选择之一。

（一）品牌定位

乡村旅游要在众多旅游项目中取胜，一定要先进行品牌定位。乡村旅游品牌定位是根据乡村旅游的竞争状况和产品优势，确定其在旅游业中的竞争优势，根据乡村旅游者的需要和动机进行品牌定位，并通过其品牌形象设计，使消费者能选择其旅游产品。品牌定位是一个复杂的系统工程，从品牌差异性、乡村旅游产品的购买价值、传播媒体、经营管理以及技术和服务创新方面给予定位，目的是追求卓越、完善的服务。如乌镇的强势营销措施不但在短期内迅速提高了乌镇的知名度，更为成功的是，整个媒体中不断强化了水乡古镇的"虚拟形象"，即"水乡古镇就是乌镇那样"的一个品牌形象。

沈阳乡村旅游品牌形象定位

沈阳市乡村旅游从大品牌的角度定位为"休闲天籁乐，美丽沈阳村"，该定位凸显沈阳乡野风光的自然、美丽，让游客觉得这是一个"远离城市喧嚣、远离工作烦扰、回归自然"的好去处。在乡村旅游品牌形象宣传上，将东北民俗、满族风情、二人转和大秧歌等地方文脉作为宣传要素，提升沈阳乡村旅游竞争力，对外宣传口号为"观满族风情，赏田园风光，尝农家美食，唱东北二人转，舞东北大秧歌，轻松悠闲乐逍遥"。宣传口号中"观满族风情,赏田园风光,尝农家美食,唱东北二人转,舞东北大秧歌"体现了沈阳的地方文脉特征,强调了文化内涵;宣传口号中"轻松悠闲乐逍遥"抓住了目标市场的心理需求特征,适应了人们回归自然的生理需求。该宣传口号的提出对沈阳市乡村旅游的宣传推广能起到有效的助推,让游客更深切地感知沈阳市乡村旅游形象,提升沈阳市乡村旅游品牌的竞争力。

(二) 品牌经营

乡村旅游产品是有形的物体和无形的服务的总和。它与别的产品不太一样,对于旅游产品来说后者更为重要。旅游是为了赚钱,但仅仅为赚钱还是不够的,一些景点的欺客行为引起游客的不满,正是说明服务承诺很重要。消费者支付费用是为了求得舒适,而不是花钱来买气受。因此,服务承诺要落到实处。品牌的营销也是一个推广作用,可以让外界了解本地,这种推广价值是无穷的,有些地方仅仅以一个旅游项目而闻名。例如山西省大寨过去是作为政治的宣传形象,如今它的乡村旅游却又适合城里人的口味,这样使其重新焕发青春。大寨通过这种方式可以把其艰苦奋斗的优良传统推广到全国。江苏华西村也把乡村旅游作为一个产业来抓,并成为推广其治村经验的一种方式,其价值却是无量的。一些富裕的农村都把其品牌营销作为一个重点来抓,河南南街村如今仍然矗立着毛主席像,并由专门人员值班,成为乡村旅游的一大风景线。假如把这一项内容取消,南街村旅游就没有什么特色了,也没有什么品牌而言了。所以每一个乡村旅游项目都可以有其品牌营销策略。

(三) 品牌经营策略

品牌是一个企业的灵魂,在中国,适合大众的旅游是最受欢迎的。乡村旅游是项新兴产业,需要学术界和经营者的共同呵护,在品牌经营策略中,要善于学习国外在这方面的宝贵经验，乡村旅游品牌战略必须：①具有特色的乡村旅游品牌个性。有特色才能吸引人，乡村旅游最大困难是争取客源的压力，占领其市场份额也是取决于游客来源的多少，对乡村旅游也要严格遵循国家质量体系认证标准，使其标准化、系统化。②大胆引进 CI，为企业树立形象。CI 是一种产品和企业形象设计的总称，是指企业标志（Corporate Identity），指那些造型单纯、意义明确的统一、标准的视觉符号，一般是企业的文字名称、图案记号或两者相结合的一种设计。把乡村旅游作为一个产业来经营，树立乡村旅游价值观，最大限度地实现旅游企业的经营目标。

江苏盐城旅游标识

盐城新旅游标识中，蓝色与绿色代表了盐城的蓝天湿地，象征着盐城自然、和谐、美好的愿景，而鹤顶的鲜红、鹤羽的黛黑、麋鹿的褐色、和谐的组合，在展示盐城以生态湿地为主体的绮丽风光、优越的生态环境和丰富的生物资源的同时，也充分体现了盐城作为"中国优秀旅游城市"的平和与亲切，热情和包容，既反映了盐城的自然风貌、人文风情，也象征着旅游的舒适、安全与幸福。标识设计运用了中国画的写意技法，简洁、传神，似一幅水墨画，如梦如幻，灵动飘逸，充分展示了盐城旅游的独特魅力。

（四）品牌国际化

中国加入 WTO 后，我国乡村旅游也面临着挑战。外资也可以参与一些景区的经营，已经出现外国人经营农场、客栈、"洋家乐"等发展乡村旅游的形式。如北京顺义的意大利农场，通州的中以农场，大理喜林苑客栈等，这些乡村旅游产品和项目日益国际化，对我国乡村旅游提出了新问题。

大理喜林苑客栈国际化模式

大理喜林苑（LindenCentre）客栈是美国人 Linden（林登）在大理开设的中国客栈，它依托于优美的自然风光、悠久的历史文化、丰富的民族风情和宜人的气温气候资源，以大理喜洲白族文化作为载体，把客栈置身于田野之中，置身于当地农耕文化及白族村民的现实生活之中，深度挖掘开发当地民族传统文化，满足了国外游客独特的生态型旅游体验需求，创造出文化、环境、教育"三结合"的高端生态旅游发展模式。喜林苑除以平时的文化交流和主题旅游活动来吸引服务游客外，每年举办中西多民族圣诞晚会，邀请当地少数民族的中小学生、本地村民、外国朋友与游客共同联欢，联欢节目用英语同步向国际传播。不失时机地扩大文化宣传、进行网络市场营销，使这个文化会所性质的客栈，很快从一个乡村小客栈跃升为全球知名的国际文化交流会所，成为国际旅游目的地，成为美丽中国的一张名片。喜林苑获得了 TRIPAD-VISOR 年度最佳中国酒店奖、中国可持续旅游奖、Global Vision Award 全国唯一奖、中国最浪漫最神秘客栈等称号。

喜林苑客户主要是欧美高端客户，它让国外游客体验中国农村生活"家"的感觉，体验白族村落的宁静自然，形成了自己的特色：一是发展理念有别于传统的观光旅游，注重异域文化交流与度假旅游，注重田野生态休闲体验，让入住本身也成为一个旅游产品；二是以国外专家学者和国外学生团队为主要客户群体；三是利用信息网络和优质服务方式，并由精通英文和熟悉白族文化的专业人员直接与游客对话、服务，与国际旅游市场接轨，直接国际化；四是具有国际视野和国际水准的投资商及其职业经理人来开发营运，特别是经营团队都把此客栈经营当作一项自己发展成长的人生事业，特别用心、用情发挥各自的智力、心力和体力，注重细节和上乘服务，提高了乡村休闲度假旅游产品的国际竞争力，成为乡村旅游国际化发展的成功典型。

第三节　乡村旅游价格策略

在市场上，乡村旅游产品也同其他商品一样要通过交换来体现其自身的价值。乡村旅游产品价格，就是旅游者为满足自身旅游活动的物质和精神需要而购买的旅游产品的价值形式。从旅游者和旅游企业这两个不同的角度，可将旅游产品分为整体旅游产品和单项旅游产品。游客在旅游过程中可根据自己的需要购买整体旅游产品或单项旅游产品而形成几种基本的旅游价格表现形式，具体体现为：①旅游包价，即指价格包括食、住、行、娱为一体的系列服务，又叫"一揽子旅游"或被俗称为"一条龙服务"；②旅游单价，指旅游者零散购买一个整体旅游产品中的各个单项要素所支付的价格；③旅游差价，是指同种旅游产品由于在时间、地点或其他方面的不同而导致的不同价格；④旅游优惠价，是指在乡村旅游产品基本价格基础上，给予消费者一定的折扣和优惠价格。

昆明野鸭湖旅游度假区食、住、行、玩"一条龙服务"

野鸭湖度假区位于昆明东北风景名胜区金殿后10千米，以其优美的自然风光、新鲜的空气、环保无污的绿色食品和众多的娱乐健身活动项目，受到了省内外游客的好评和喜爱，成为昆明人节假日休闲度假地之一。实行旅游包价食、住、行、玩一条龙服务，包括可以划船、玩溜索、过吊桥、走情人谷、玩拓展等服务项目。

一般来说，乡村旅游企业产品的定价策略主要有新产品价格策略、心理定价策略、促销定价策略、改进价格策略和需求价格策略等。

一、新产品价格策略

所有的乡村旅游产品都有自己的市场寿命周期。乡村旅游企业应该根据旅游产品寿命周期各阶段的不同特点和变化趋势，从市场的需要出发，有针对性地对价格进行调整。

（一）撇脂定价策略

这种策略是指乡村旅游新产品上市初期，价格定得很高，随着时间的推移而逐渐降低售价。其目的是想在短时间内收回产品的研发成本并获取高额利润。这种策略属于高价格策略，由于这种策略宛如从牛奶上层中撇取奶油（脂），因而所制定的价格称为撇脂价格。

撇脂价格策略不仅能在短期内获取大量利润，而且可以在竞争加剧时采取降价手段，既可限制竞争者的加入，又符合乡村旅游消费者对待价格从高到低的客观心理反应。一般当市场需求较高时，适合采用这种定价策略。制定较高的价格，不会刺激更多竞争者进入市场，有助于形成新产品优质的形象；虽然有可能销售量不大且投入资本较高，但企业仍能获得高额利润。当然，高价也可能给旅游者带来企业"太黑"的印象，而损害到乡村旅游企业的形象。

这种定价策略作为一种短期的价格策略，适用于具有独特的技术、不易仿制、资源垄断性强、被替代性小、不容易迅速扩大等特点的乡村旅游新产品，利用消费者求新、求奇、求特的心理，迎合市场上高消费或时尚性的要求。如，黄山风景区是中国4处、世界23处"自然和文化"双遗产之一，2002年5月开始把门票大幅度提高，而游客量却不降反升，究其原因，主要是资源垄断性强，被替代的可能性小。

（二）渗透价格策略

这种价格策略正好与撇脂定价策略相反，它是利用在旅游新产品投入市场时，消费者有求实惠的心理，将新产品以较低的价格推出来吸引消费者，以期很快打开市场，扩大销量，待销路打开后，再逐步提高价格。这种策略就像将水倒入泥土当中，水很快就会从缝隙里渗透进去，因而称这种策略为渗透价格策略。

这是一种低价格策略，由于价格偏低，有利于迅速打开旅游产品的销路，扩大市场销量，增加盈利。同时还能阻止竞争对手介入，易于旅游企业自己控制市场。但是，运用这种价格策略，也可能会导致投资回收期较长，若产品不能迅速打开市场或遇强有力的竞争对手，可能会遭受重大损失。因而，这种价格策略的运用要具备相应的条件：市场对价格高度敏感，低价有助于市场扩展；随着销量增加和经验的积累，企业能降低单位成本；可阻止竞争者进入市场。

渗透价格策略作为旅游企业的一种长期价格策略，往往适用于能尽快大批量生产、特点不太突出、易仿制、技术简单的新产品，如乡村的观光旅游类产品、民宿、农家乐产品等。但要注意游客因消费环境恶化或服务质量下降而不满。如有一家近郊特色自助火锅店新推出30元每位的价格，吸引了大量的周末游客，但因就餐游客太多，餐厅场地容纳不下，一部分游客不得不排队等候，不愿等候的游客纷纷离去，就餐的游客也因就餐场所过于拥挤喧嚣而烦恼，餐馆红红火火一段时间后，便又趋于沉寂。

(三) 满意价格策略

这是一种折中价格策略，它汲取上述两种定价策略的长处，采取比撇脂价格低但比渗透价格高的适中价格，其方法是先搞期望价格调查和预测，根据消费者对新产品所期望的支付价格来确定。这种定价策略既能保证旅游企业获取一定的初期利润，又考虑了消费者的购买能力和购买心理，能够增强旅游消费者的购买信心，使消费者比较满意这种价格标准。因此被称为满意价格策略,有时又称为"温和价格"或"君子价格"。

二、心理定价策略

乡村旅游消费者尤其是对价格较为敏感的消费者,对乡村旅游产品或服务的认可、购买,往往是通过价格因素来判断的,因而就可在定价中利用旅游消费者对价格的心理反应,刺激消费者购买乡村旅游产品或服务。

(一)尾数定价策略

这种定价策略也称为非整数定价策略,即给旅游产品定一个带有零头数结尾的非整数价格,由于旅游消费者一般认为整数定价是概括性定价,这种定价是有水分的,是不准确的,而非整数定价则会使消费者认为是经过精确计算的最低价格,其价格是对消费者认真负责的、是合理的,因此,即便是产品定价稍高了些也觉得不太贵。因为世界各地的消费者有不同的风俗和消费习惯,所以不同的数字在不同国家和地区代表着不同的含义。如经营者可以较多地利用尾数6、8或9为定价策略,因为在中国消费者心目中认为6、8或9是表示吉祥的数字。"6"代表"顺";"8"其谐音是"发",有"兴旺发达"之意;"9"在人们心目中是"好事长久"。非整数定价策略可以使消费者产生价格偏低的心理感觉,例如认为98、99元是几十元,而101元则是一百多元。另外,非整数定价容易使消费者产生价格下降的心理错觉。因为当一种商品价格靠近整数以下时,会使消费者产生价格下降的印象,而当商品价格在整数以上时,会给消费者造成商品可能提价的印象,抑制他们的购买欲望。

(二)整数定价或方便定价策略

这种定价策略是指旅游企业在定价时,采用合零凑数的方法,制定整数价格。这是因为在现代旅游活动中,由于旅游产品或服务十分丰富,消费者往往靠价格高低来辨别产品的质量,对于一些旅游产品,实际很多消费者都不太内行,采用整数价格反而会提高产品的身价,使消费者产生"一分钱一分货"的感觉,从而促进旅游产品的销售。如乡村旅游活动中的一些民间历史工艺品、字画以及高档山庄、度假村的客房价格等往往采用这种定价策略。如租金500元一天的豪华套房不宜改标为495元。另外,对于一些乡村旅游小商品或散装商品可以包装成:1元、2元一小袋,便于购买或一次性使用,就没有必要定为0.8元或1.8元使得找零钱非常麻烦,这就是方便定价。

(三) 分级(分档)定价策略

因为消费者对许多乡村旅游产品的需求是呈阶梯形状的,而有时旅游消费者对同类旅游商品又很难感觉到其价格的细微差别,分级(分档)定价策略就是把某一类旅游商品按不同品牌、不同规格、不同型号划分成若干档次,对每一档次的商品制定一个价格,这样标价就可使消费者觉得不同价格反映了产品质量上的不同品质,不但可便于消费者的挑选,也简化了商品交易的手续,同时还能满足不同消费者的消费水平和消费习惯。旅游企业中,旅行社经常采用这种定价策略,对同样的旅行线路产品就分为豪华、普通和特价三种价格,分别以不同的价格吸引不同的旅游者;客栈也常常采用这种定价策略来确定房价结构,对客房分级定价,制定不同的价格。但要使不同等级的产品在质量、性能、额外利益等方面有着明显的区别,使旅游者确信房价的差别是合理的。

(四) 声望定价策略

这种定价策略是指针对消费者"价高质必优"的心理,对在消费者心目中有信誉的产品制定较高的价格,以满足某些消费者追逐有名气旅游产品、崇尚名牌、声望等的心理。一般来说,乡村旅游企业采用这种定价策略所制定的价格,往往为本行业中同类产品中的较高价格甚至为市场中的最高价。当然,运用这种价格策略必须慎重，如果滥用到一般性旅游企业及一般产品或服务中，就会造成消费者的厌恶，给商品销售造成损失。

浙江乌镇水乡古镇的声望定价策略

乌镇水乡古镇属于需求弹性系数比较大的乡村旅游产品，全国优秀的类似江南水乡古镇还有西塘、周庄等。乌镇门票为120元，而同时期与乌镇同是水乡古镇的周庄和西塘门票同为100元，结合游客对乌镇独具特色的江南水乡意境的向往，乌镇适度高于同类水乡古镇的定价，以打造品牌声望与影响力。其定价方式应该先从旅游者体验后的认知价值和产品成本之间找到平衡点为基础，来制定旅游体验产品价格策略。总体上是一种捆绑定价策略，即乌镇在将古镇全面景区化，并进而推向市场之际，就将乌镇景区内的各个景点设立一个总价格销售，把乌镇整个古镇作为一个整体景区，将多张景点门票汇成一张古镇游览门票，从而奠定了乌镇在江南水乡旅游市场中的领导地位。这样游客一张联票尽可游览完乌镇景区，不会再有额外的门票支出，极大地便利了游客，提高了当地的旅游收入。

三、促销定价策略

促销定价策略是指在制定价格时要考虑企业促销活动的需要，使价格的制定能够为促销活动服务。常见的旅游业的促销定价策略有价格领袖策略和专门事件定价策略。

（一）价格领袖策略

当乡村旅游企业为新推出的产品进行促销时，实行大幅度降价策略，在很短的时间内将价格降至成本以下以吸引旅游者。其目的在于鼓励旅游者大量购买产品，从而广泛扩大新产品的知名度。但这种策略也容易使旅游者对产品的质量或档次产生怀疑，并对其形成一个低档产品的印象。

(二) 专门事件定价策略

指乡村旅游企业专门组织活动通过价格优惠进行促销，或利用节假日时机进行价格促销。采用这一策略，必须保证企业有足够的服务设施和服务人员。

云南巍山小吃节促销乡村旅游产品

近几年，巍山每年都会举办一次特色小吃节，让更多的人了解巍山小吃和巍山的历史。小吃节期间，巍山小吃街热闹非凡，一场百余种大理小吃聚集的特色小吃盛宴在古城摆开。商贾聚集，形成了兼容并包的饮食氛围。通过该项专门事件，打造巍山小吃一条街，树立了"吃在巍山"的品牌，同时，以优惠价格包装推出"永建东莲花村—巍山古城—巍宝山"巍山旅游半日游、一日游、二日游精品线路，提升了知名度，使巍山东莲花村、西莲花古村古镇与剑川沙溪古镇一样，成为大理乡村旅游的新亮点。

我国的乡村旅游在知名度、资金实力方面相对于风景名胜区都处于弱势，目前我国开发的乡村旅游多是处于城市近郊或者景区（点）附近，其客源以城市周末、节假日休闲度假游客为主，家庭出游的比例大，主要出游形式为散客旅游，需求弹性大，对价格敏感性较强，所以在价格方面一般以低价为主，采取慢速渗透策略。

四、改进价格策略

据调查显示，一方面，旅游费用已不是影响人们选择是否出游的关键因素，大部分游客已具备了与旅游消费水平相对应的经济能力。但另一方面，又有37.26%的游客因价格太贵而对旅游经历感到不满，且收入越高，不满意的比例越高，实际上游客抱怨的并非价格，而是价值。我国乡村旅游现处于旅游市场的低端，产品质量不高、价格低廉。所以在乡村旅游发展到一定程度后，应修正乡村旅游在旅游者心目中的低端产品印象，向上扩展产品线，从偏好价格竞争转向更为务实的品牌建设，减少低层次的价格战。应坚决消灭价格欺诈或价格歧视，最大限度地减少旅游景点的不合理收费或乱收费现象。

五、需求价格策略

需求价格策略就是以市场需求状况为依据，来决定乡村旅游产品价格的一种定价策略。市场需求旺盛、供不应求，价格可略为定高，以增强产品价格的盈利能力。相反，需求疲软、销售不畅，价格可略为定低，以增强产品价格的竞争能力。具体低到什么程度，要以满足乡村旅游企业最低盈利需求为前提，以不高于竞争对手同类产品价格为依据，以扩大市场销售的目标。

第四节 乡村旅游分销渠道策略

乡村旅游分销渠道是旅游产品与市场相对接的桥梁，也是乡村旅游赖以发展的支柱之一。目前乡村旅游存在重营销推介、轻渠道建设的现象。一般政府在对乡村旅游产品进行推介之后，许多企业并没有随之建立起有效的分销渠道。旅行社等中间商无利可图，在旅游线路设计中一般不愿意安排乡村旅游，使大量外地游客的潜在需求无法顺利转变成行动。致使乡村旅游企业无法很好地借助旅行社这个最有力的传统渠道。如何将自己的产品以最有效的方式销售给游客，在很大程度上影响到乡村旅游产品的生命力。

一、乡村旅游分销渠道的类型

乡村旅游分销渠道是指乡村旅游产品从乡村旅游企业，流转到消费者手中的全过程中所经历的各个环节和推动力量的总和。它是乡村旅游企业（作为供应商）如何利用旅行代理商、旅游经营商、旅游批发商、免费电话以及其他方式，向旅游者销售其产品或服务。也就是取得旅游产品或服务的所有权（使用权）或帮助转移其所有权（使用权）的所有企业或个人（见图7-2）。就乡村旅游业来说，销售渠道的目的是方便顾客前往乡村酒店、餐馆以及景区景点享用其设施与服务。

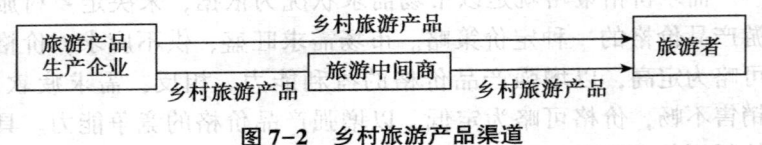

图7-2 乡村旅游产品渠道

由于乡村旅游市场、乡村旅游企业、乡村旅游中间商以及旅游者等多种因素的影响，乡村旅游产品分销渠道形成了多种状态，即使是同一种旅游产品，也可能通过不同的分销渠道进行销售。旅游企业管理者必须了解分销渠道的各种类型，以便进行分销渠道决策。

（一）直接分销渠道与间接分销渠道

根据乡村旅游产品在流通过程中是否经过中间商转卖来划分，可将乡村旅游产品的分销渠道划分为直接分销渠道和间接分销渠道。直接分销渠道是一种由旅游产品生产者在其市场营销活动中不借助任何一个旅游中间商，而直接把乡村旅游产品销售给旅游者的销售渠道，也就是所谓的零层次分销渠道，可以省去中间商的分销费用，以降低成本，提高效益。间接分销渠道是一种乡村旅游产品生产者借助旅游中间商向旅游者销售其旅游产品的分销渠道类型。销售渠道越长，中间商的数目越多，乡村旅游产品市场扩展的可能性就越大。但乡村旅游产品生产者对乡村旅游产品销售的控制能力和信息反馈的清晰度就越差。

(二) 长渠道和短渠道

根据间接分销渠道中介入中间商层次的多少，乡村旅游产品分销渠道可以分为长渠道与短渠道（见图7-3）。乡村旅游产品分销渠道较短，乡村旅游产品生产者承担的销售任务就多，也就能够较有力地控制分销渠道和进行价格、服务、宣传等方面的管理。乡村旅游产品分销渠道较长，乡村旅游分销工作就主要由旅游批发商和旅游零售商来完成，乡村旅游产品生产者对旅游产品分销渠道的控制就较为困难。

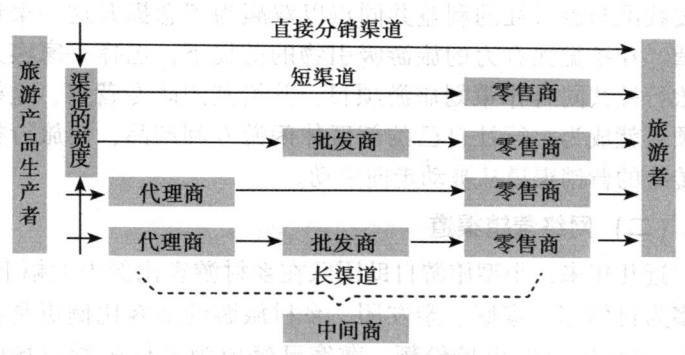

图7-3 乡村旅游产品渠道的长与短

(三) 单渠道和多渠道

根据乡村旅游产品生产者采用分销渠道的类型，乡村旅游分销渠道又可分为单渠道和多渠道。单渠道是指旅游产品生产者采用的渠道类型比较单一，如所有产品全部由自己直接销售或全部交给批发商经销。有时候，乡村旅游产品生产者根据不同层次或地区旅游者的不同情况采用不同的分销渠道。如在本地区采用直接渠道，对外地采用间接渠道，或同时采用长渠道和短渠道，这些都称为多渠道。这种多渠道结构也称作双重分销。一般情况下，作为旅游产品生产者的旅游企业规模较小或经营能力较强，可采用单渠道销售旅游产品。反之，则可采用多渠道,以便扩大旅游产品的销售覆盖面。

二、乡村旅游渠道的设计与应用

(一) 传统营销渠道

传统销售渠道:为企业—总经销商—二级批发商—三级批发商—零售店—消费者,此种渠道层级可谓传统销售渠道中的经典模式。传统的销售渠道呈金字塔式的体制,因其广大的辐射能力,为旅游产品占领市场发挥了巨大的作用。乡村旅游企业要找准与旅行社的利益共同点以双赢为理念提升这一渠道的价值,在挖掘强有力的旅游吸引物的前提下,选择一家实力强的旅行社共同合作策划旅游项目,并给其团队专营权,这样旅游项目就成为旅行社自己的郊区休闲游专利产品,使旅行社这个传统的营销渠道从被动走向主动。

(二) 网络营销渠道

近几年来,小型旅游自助团队在乡村游客比例中大幅上升,且多为自驾车、家庭、亲友团。乡村旅游的散客比例更是占到80%~90%以上的市场份额,散客已经成为乡村旅游市场的主角,而散客第一次获取乡村旅游景区信息的主渠道是网络、电视和亲友的口口相传。国外一份权威调查显示:企业在获得同等收益的情况下,对网络营销工具的投入是传统营销工具投入的1/10,而信息到达速度却是传统营销工具的5~8倍,以互联网作为支撑的网络营销渠道已成为乡村旅游的重要选择。在此情况下,乡村旅游必须善于抓住旅游者,建立自己的网络营销渠道。网络渠道的建立可以选择借助知名的旅游网站和自建企业网站两种方式。

当美丽乡村注入"互联网+"基因乡村旅游营销开启新模式

"互联网+"的本质是企业通过互联网收集海量的信息和数

据，从中分析、倾听消费者心声，以此快速改进产品和服务，提供极致的消费体验。它促使当下以企业为中心的产销格局，转变为以消费者为中心的新格局。

江西财经大学邹勇文博士认为，互联网思维下，乡村旅游要注意产品的思维、运营的思维，创造细分化、有个性的旅游产品。江西省旅发委副主任胡海表示，江西目前的乡村旅游营销思路已经从"把对象当客体"向"把受众当主体"转变。

乡村旅游要真正拥抱"互联网+"，既要转换发展思路，也要在行动上与"互联网+"的思路相匹配，防止陷入"互联网+"认知误区。智慧化是乡村旅游营销中重要的一环，互联网背景下，乡村旅游应充分利用社会化媒体，从远程营销吸引游客和本地营销提高消费两大块入手，不断发展升级。

1. 微信营销

微信营销是网络经济时代企业或个人营销模式的一种，是伴随着微信的火热而兴起的一种网络营销方式。微信不存在距离的限制，用户注册微信后，可与周围同样注册的"朋友"形成一种联系，订阅自己所需的信息，商家通过提供用户需要的信息，推广自己的产品，从而实现点对点的营销。微信营销主要体现在以智能手机或者平板电脑中的移动客户端进行的区域定位营销，商家通过微信公众平台，结合转介率、微信会员管理系统，展示商家微官网、微会员、微推送、微支付、微活动，已经形成了一种主流的线上线下微信互动营销方式，发展空间仍然很广阔。

成功利用"微信营销"

山东泰安岱岳区乡村游迈向 3.0 时代

近两年，泰安市岱岳区在发展乡村游上做出不少尝试和创新："一村一品"建设，规避"同质化"；延展旅游产业链，留住游客；打好生态牌，留住"原乡味"……一系列的举措让岱岳区的乡村游硬件设施日臻完善、服务水平不断提升，从以观光、采摘为主的1.0时代，经过兼具观光、体验、购物、文化教育价值的2.0时代，向以休闲度假为特色的3.0时代迈进，岱岳区由"环城带"向"环城乡村旅游休憩带"转变。

2. 自建乡村旅游企业网站

开发建立乡村旅游企业自己的网站，对有目的搜集信息的旅游者来说，乡村旅游企业网站是其判定旅游信息的最终平台，网站应设立与乡村旅游企业有关的各种栏目，有利于旅游者了解更多、更准确的旅游企业内容。乡村旅游企业网站除展示乡村旅游风光、旅游项目、食宿信息、购物指南、自驾线路等必要内容外，还应设立即时在线交流窗口，随时解答访问者的问题；设立在线订购栏目，提供旅游企业折扣门票、折扣餐饮券等的在线购买，以优惠促销吸引旅游者最快做出购买决策，并经常依托乡村旅游网站开展旅游营销策划设计方案等有奖征集活动，以有效地提高网站的访问量。

山东乐陵乡村旅游营销从"线下"到"线上"

据乐陵市旅游局局长李新平介绍，该市发展乡村旅游不光在线下努力，还靠线上的推广，如利用乐陵市旅游网、乐陵旅游等多个微信公众号进行宣传。很多游客体验后感觉好就发点评并在其朋友圈转发，慢慢地回头客就多了起来。互联网时代，传统的营销方式已满足不了个性化旅游需求。被手机占领了50%以上精力的"城里人"，更加期待一种自然生态的田园生活方式。

基于此，乐陵市积极改变乡村旅游营销方式，开通旅游官方微博和微信，及时发布旅游资讯和动态，游客只要动动手指，就可了解乐陵境内景区、美食、住宿、交通等信息。尤其今年2月开通旅游微信公众平台后，策划推出了140余个旅游专题，个别专题点击量达到5万人次。该市50万亩千年枣树森林公园等景点还分别与行旅天下、云景无限、同程网等多家网络媒体合作,搭建网上宣传、购票平台;并依托乐陵旅游网推广旅游二维码等门票折扣活动。截至目前,几大景点线上旅游收入均同比增长了20%。

3. 利用第三方网站的发布平台推广

乡村旅游自建网站能够提供丰富的旅游信息,促使旅游者做出旅游决策,但是,对不知道乡村旅游产品的旅游者来说,却很难自主访问到网站,这就要求景区还必须利用第三方网站的发布平台进行乡村旅游产品的推广,并建立起与旅游网站的链接。市场上有很多旅游网站通过向旅游企业提供在线的发布平台来帮助旅游企业推广产品和服务。乡村旅游企业首选的应该是本省的旅游咨询网,然后是行业知名网站,如携程旅行网、艺龙旅游网,同程旅游网、驴妈妈旅游网、途牛旅游网、融e购、美团网等,通过录入旅游产品信息形成网上门店,从而进行旅游产品的营销。这种服务模式容易实现,操作上也不复杂,为当前"一部手机游天下"的智慧旅游发展奠定了市场基础。

天津乡村游主推农家院线上预约成潮流

2015年"互联网+"与旅游结合的方式也让很多经营农家院的农民尝到了甜头。选择入住农家院类型,如百姓农家、徽派民居或山野别墅,键入入住和离开的日期,就能一键搜索相关农家院信息。在蓟州电子商务产业基地的"乡村之家"电商平台上,每天都会发布各类旅游信息和农家院介绍。不少"京津冀"地区游客选择通过这里进行线上预约和支付。"乡村之家"负责人陈海松介绍,"平台2015年6月6日上线至今,线上支付订单为400笔,交易总金额达30余万元。"

"十三五"时期,蓟县旅游行业将打造京津冀一流休闲旅游目的地目标。预计到2020年,年接待游客将达到3 400万人次,年均增长14%;新增就业岗位5 000个,旅游从业人员总数达到

2万人。

（三）建立乡村旅游推介点

以联合经营为纽带，在各目标市场区域选择专营性合作伙伴，共同组建旅游零售代理店，对旅游信息进行深加工，以强化咨询服务的增值功能，在实体连锁体系的支撑下实现旅游零售代理商品牌塑造。将乡村旅游推介店设在相近的辐射城市中心广场和生活区，一方面推介景区，另一方面提供景区门票、食宿折扣券销售、提供景区自驾线路，并提供发往景区的旅游车服务。乡村旅游企业可以自己建立推介点，也可以联合多家乡村景区联合打造乡村旅游景区自选超市，还可以借助社区便利店、购物中心、量贩、洗车行、客栈等设立旅游项目售卖点，提供自驾线路、旅游车服务，方便旅游者了解旅游产品信息并购买。

（四）开发游客的渠道价值

乡村旅游企业不能忽视游客，这其实是一种很有价值的营销渠道。企业通过向游客提供独特的旅游体验使游客获得满足，与他们建立一种朋友的关系而不是消费关系对乡村旅游产品有至关重要的意义。乡村旅游的目标消费者一般以家庭、单位或亲朋好友圈为主体，旅游者很愿意将自己的旅游体验传达给周围的人群，并给他们提供可信任的旅游建议，鼓励游客在微信朋友圈里发信息。因此，满意度高的游客是旅游产品最有说服力的渠道载体。

一般而言，对于处于新投入市场的乡村旅游品而言，宜采用"间接销售渠道"，即与旅行社合作，尽快打开市场。可以聘请经验丰富、社交广泛的营销人员，向选定的旅行社直接推销，提高他们对新产品的支持度，通过定价优惠、结盟合作等方法联合促销，获取充足客源。发展壮大已进入成熟期的乡村旅游产品，宜采用"直接销售渠道"，设立企业自己的销售网点，既掌握了主动权，又节省了费用。由于乡村旅游产品本身的不可储存性、季节性，建议选择"短渠道"，因为过多层级的中间商会使产品成本提高，也会使本来新奇的乡村旅游产品因过时而失去消费市场。

第五节　乡村旅游促销策略

乡村旅游促销是指乡村旅游企业通过各种传播媒介向目标旅游者传递有关企业和乡村旅游产品的信息、帮助旅游者认识旅游产品所能带来的利益，引起旅游者的注意和兴趣，刺激旅游者的需求，影响旅游者的购买行为，从而达到促进乡村旅游产品销售的目的。简言之，乡村旅游企业促使旅游者对旅游产品产生消费愿望的行动，就是旅游促销。通过乡村旅游促销可以提供乡村旅游信息，沟通供需关系；刺激乡村旅游需求，引导消费；突出产品特点，强化竞争优势；树立良好形象，加强市场地位；冲销淡旺季差异，稳定销售。乡村旅游促销组合策略是企业为了满足市场营销战略目标的需要，综合运用各种可能的促销策略和手段，组成一个系统化的整体，使企业获得最佳的营销效益，实现营销战略目标，谋求乡村旅游企业长期稳定的发展。由于促销目标、主体、产品形式等的不同，促销组合在方式的选择和编配上也存在差异，人员促销、销售促进、公共关系及人员推销等各种促销方式要齐头并进，综合考虑促销对象、推式策略与拉式策略及旅游产品生命周期阶段。

知识卡片　　　　推式策略与拉式策略

推式策略，即乡村旅游企业利用人员推销或中间商把产品推入分销渠道，最终推向市场。这种推销策略要求人员针对不同顾客、不同产品采用相应的推销方法。常用的推式策略有示范推销法、走访销售法、网点销售法、服务推销法等；拉式策略也称吸引策略，一般是通过使用密集型的广告宣传、销售促进等活动，引起大众旅游者的购买欲望，激发购买动机，促进产品需求。

一、乡村旅游广告策略

（一）乡村旅游广告的概念

乡村旅游广告主要是指由旅游企业出资，通过各种媒介进行有关乡村旅游产品、服务和信息的有偿的、有组织的、综合的、劝服性的、非人员的信息传播活动。乡村旅游广告不同于一般大众传播和宣传活动，有着传播面广、有强烈的表现力与吸引力、有偿性，通过传播媒体间接传播，具有声音、色彩、影像等艺术和技术手段优势等特点。随着新媒介的不断增加，依媒介划分的广告种类越来越多，有报纸广告、杂志广告、电视广告、电影广告、网络广告、包装广告、广播广告、招贴广告、POP广告、交通广告、直邮广告、车体广告、门票广告、餐盒广告等。

乡村旅游广告是乡村旅游企业投资发布的、推动乡村旅游产品销售的一种重要手段，要求广告制作人掌握广告宣传的特点与方法，并紧密结合乡村旅游产品的特点和特性，通过有形的视觉效果或劝服性的宣传途径，以迎合旅游者的消费行为与消费心理为目的，有效地推介乡村旅游产品。运用得当，可以很好地树立乡村旅游企业与产品形象，提高知名度；传播乡村旅游信息，促进市场开拓；宣传乡村旅游企业产品特点，激励需求；传播乡村社会文化，丰富文化生活。

美国"波浪谷"提升知名度

位于亚利桑那州的美国波浪谷石岩景观被列为美国自然保护区，美国政府规定每天只能发放20个进入许可证，通过网上申请和现场申请各10张，全球不分国家、种族、信仰、贫富，机会均等。该办法实施后,申请参观者人满为患,很多人因为申请不到参观资格而备感遗憾,却使"波浪谷"的知名度空前提高,成为美国生态旅游的招牌性景点,而且使稀缺资源得到了切实保护。实行严格限制外来旅游人数,以前每年只允许3 000人入境旅游,目前放开至6 000人,而且必须由当地旅行社组团接待,每天的最低消费为200美元,被誉为"秘境"。

(二) 乡村旅游广告媒体决策

乡村旅游广告必须通过一定的媒体才能传达给旅游者。旅游广告媒体就是选择传播广告信息的媒体类型。乡村旅游企业要突出强调媒体报道的作用,重视广告的营销价值。旅游广告可选择的媒体很多,作为乡村旅游产品,我们可以通过户外广告,如候车亭广告、楼顶广告、车体广告等有助于潜移默化地推广和宣传乡村旅游产品的手段,让乡村旅游产品"上媒体"。

(三) 乡村旅游广告的创意营销

首先,创意是灵魂之所在。乡村旅游广告策划中的创意,必须是整个广告活动的中心,是旅游广告活动的灵魂,是乡村旅游的卖点。乡村旅游广告创意要取得成功,可以从新颖出奇、逆向思维、乡土文化是永恒的源泉、寻找新的渠道、农耕文化再造、唯有真善方为美、感情是通向心灵的捷径、选择名人等方面入手。

其次,口号是点睛之笔。要在主要客源市场树立起较高的知名度,需要有力的促销活动。将乡村旅游的特点、风格浓缩成一个形象化的标志,将促销主题提炼成一句口号,以此统领对外促销的各种活动,使产品简短易记、节奏鲜明、便于上口、合乎韵律、顺应时尚,一经使用,能较快地在旅游市场上树立一个整体、生动的形象。乡村旅游广告中的口号经常与乡村旅游企业名称、标志放在一起使用,形成企业的重要标志。

千岛湖旅游广告的创意营销

2008年,千岛湖做了一个广告叫"到千岛湖,用农夫山泉洗澡"。交广传媒旅游策划机构当时做了好几个标语,比方说"中国最美丽的湖泊""环境旅游县"等好几个概念,唯有这个概念马上就有反馈。好多从北京回去的人都看到了这个广告。随着千岛湖品牌的不断提升,如今千岛湖已经成为长三角地区国人首选的旅游胜地。目前千岛湖是人人住景观房,天天吃野生鱼,每天每夜都用农夫山泉洗澡,达到很好的广告效果。像千岛湖这样的景观有一定的独特性,但是不具备排他性;这种景点是需要大力宣传,广泛营销。新的广告模式有针对性地为游客提供个性化的资讯,创意而个性地表达品牌魅力,便于他们选择喜爱的旅游线路和旅行方式,用更少的广告费用赢得更多的客户。

乡村旅游广告语、宣传语

(1) "安"逸之旅,"吉"美乡村。
(2) 竹·动我心,乡·约安吉。
(3) 相约魅力安吉,心泊绿色竹海。
(4) 心泊安吉竹海,梦栖美丽乡村。
(5) 美丽乡村游,诗画安吉行。
(6) 游中国美丽乡村,品安吉竹海神韵。
(7) 且听山水交响乐,细品竹海无言诗。
(8) 十里竹海生诗意,万种风情醉安吉。
(9) 百里生态画卷,千年人文英山。
(10) 原汁原味原生态,多姿多彩新英山。
(11) 醉·乡村诗境,赏·竹海风情。
(12) 大别画卷,神秀英山。
(13) 寻梦毕昇故里,心泊大美英山。

(14) 千年大别神韵,一品人文茶乡。
(15) 富甲一方美,盛揽天下境。
(16) 相约富盛乡村,共享天然氧吧。
(17) 越中古胜地,活力新富盛。
(18) 古越山水游富盛,富盛山水话江南。
(19) 客家摇篮,魅力花乡。
(20) 寻梦千里赣江,情醉客家摇篮。
(21) 六陵松风观山水,青瓷御茶论古今。
(22) 美丽田园有情,魅力乡村有请。
(23) 梦里老家,江西婺源。
(24) 平分江南美,利及天下人。
(25) 平利,女娲开"史"的地方。
(26) 游女娲圣地,赏平利乡村。
(27) 昔日江南大寨,今天农家齐乐。
(28) 心的港湾,梦的村庄。
(29) 灵动山水画卷,休闲生态家园。
(30) 生态画廊,休闲乐园。

二、乡村旅游营业推广

营业推广又称为销售促进,是指乡村旅游企业在某一特定时期与空间,通过刺激和鼓励交易双方,并促使旅游者尽快购买或大量购买乡村旅游产品及服务而采取的一系列促销措施和手段。乡村旅游营业推广具有非常规性、灵活多样性、强刺激性、短程高效性的特征,强调的是在特定的时间、空间范围内,采用一系列的促销工具,对供需双方的刺激与激励,其直接的效果是使旅游者产生立即购买或大量购买的行为。

乡村旅游通过营业推广可以迅速、有效地加速新的乡村旅游产品进入旅游市场的进程;可以有效地抵御和击败竞争者的营业推广促销活动;有助于诱导旅游者重复购买;有利于增加旅游产品的消费、提高销售额，并带动本企业关联产品的销售，如一些客栈对旅游者的标准间的促销活动常常也能带动套房、餐饮及其他娱乐活动的销售。当然，营业推广只可能在短时期刺激购买，一旦营业推广结束，可能会面临"销售冷淡期"。因此不能过分依赖营业推广招揽生意。

（一）乡村旅游营业推广的方法

针对消费者目标来说，其目的是使已有购买意愿的消费者尽快做出购买决定，包括鼓励现有消费者大量购买乡村旅游企业的产品、吸引更多的潜在消费者购买，或争夺竞争对手产品的市场等。常采用的推广方式有：邀请消费者和旅游中间商到乡村旅游目的地进行免费旅游活动，举办或参加国际旅游展览会或博览会，赠送优惠券、赠送各类小纪念品、小礼品等。

福建武夷山"一元"门票拉动淡季旅游

2014年9月，本是武夷山旅游淡季，而在"清新福建行一元门票游武夷"营业推广活动的带动下，游客如织。开始第一周，很平淡，与往常一样，不想第二周游客一下大增。在旅游淡季的9月，四星级以下的宾馆全部被订满。无论是以武夷山的大安源、武夷源为代表的山水游；以朱子故里五夫镇、万里茶路起点下梅古民居为代表的乡村游；还是以自游小镇、紫阳古城为代表的悠闲度假游，旅游人数均节节攀升。据统计9月1日至30日，武夷山全市共接待旅游人数为121.38万人次，其中主景区接待游客为50.11万人次，与上年同期相比增长124.73%。武夷山云河漂流公司副总经理匡倩说："受惠于一元旅游，游客数至少是平时的2倍，虽景区门票只有一元，但同时也带动了我们竹排的量，基本天天都满排。"

针对中间商目标来说，其目的是调动旅游中间商的积极性，鼓励中间商大量购进并出售乡村旅游企业的产品。常采用的推广方式有：编制小册子、开展销售竞赛、给予津贴或补贴、让价折扣、举办和参加国际旅游展览会或博览会等。

针对本企业的推销人员目标来说，其目的是鼓励推销人员多成交、开拓更多的潜在市场。如组织销售竞赛。这种做法主要适用于中间商及本乡村旅游企业的推销人员。一般由乡村旅游企业发起，通过有奖问答或设立销售额奖等形式，激发他们经销本企业产品的兴趣和积极性。对于获奖者，乡村旅游企业将给予一定的物质和精神奖励，如免费旅游、提高折扣和佣金等。由于这种方法能有效地激发销售人员的积极性，因而被大多数旅游企业定期或不定期地采用。

（二）乡村旅游营业推广的实施过程

乡村旅游企业可以通过旅游营业推广的有效实施，达到增强吸引力，把顾客直接引向产品，快速激发需求，临时改变消费者购买习惯的效果。

1. 乡村旅游营业推广方案的策划

（1）确立乡村旅游营业推广目标。确定乡村旅游营业推广目标就是要回答"向谁推广"和"推广什么"两个问题。因此，乡村旅游营业推广的具体目标一定要根据目标市场类型的变化而变化，针对不同类型的目标市场，拟定不同的乡村旅游营业推广特定目标。例如，针对旅游消费者而言，目标可以确定为鼓励老顾客经常和重复购买旅游产品，劝诱新的消费者试用等；针对旅游中间商而言，目标可以确定为促使中间商持续地经营本企业的旅游产品和服务，提高购买水平和增加短期销售额等；针对旅游推销人员而言，目标可以确定为鼓励推销人员大力推销旅游新产品和服务，刺激非季节性销售和寻找更多的潜在旅游者等。

（2）选择乡村旅游营业推广方法。乡村旅游营业推广方法是多种多样的，每种方法都有其各自的特点和适用范围。在实际中，要针对不同的乡村旅游营业推广目标选择不同的方法。

(3) 制订乡村旅游营业推广方案。确立了乡村旅游营业推广目标，并选择了适当的营业推广方法，接下来就是着手制订具体的乡村旅游营业推广方案。一般制定一个完整的营业推广促销方案要考虑以下几个方面的内容：确定刺激的规模、选择营业推广对象、决定营业推广媒介、营业推广预算分配。

度假酒店的"错峰"营业推广

某城郊 W 酒店为休闲度假型酒店，周平均开房率为 60%左右。周五、周六、周日为高峰期，开房率几乎为 100%，住房供给不足，不得不婉拒顾客，而周一、周二、周三入住游客则较少，开房率仅为 25%，周四入住率为 45%。为改变客房销售不均状况，W 酒店设计了一套针对客房的营业推广计划，即周四维持现有房价不变，周五、周六、周日房价上浮 50%，周一到周三房价下调 25%，实施这一营业推广方案一段时间后，W 酒店周一到周三的客房开房率上升到 50%左右，周四的开房率为 60%左右，周五到周日的开房率为 70%左右。周平均开房率仍然为 60%左右，但由于平均房价较高，酒店收入增加，而且顾客满意度上升，酒店经营高峰期压力减轻。"错峰"式营业推广取得了理想的效果。

2. 旅游营业推广方案的实施

乡村旅游营业推广方案的实施必须根据计划按部就班地进行，并及时解决出现的问题，并做出相应的调整。

3. 乡村旅游营业推广效果评估

乡村旅游营业推广活动完成后，对其效果进行评估是检验推广促销是否达到预期目标，以及促销花费是否合算的唯一途径。评估效果既包括短期效果，也包括长期效果。但在很多情况下，长期效果的衡量只能采用定性或定量预测的方法来判断估计，而且结果也比较粗略。因此，效果评价多数侧重于短期效果的评估。尽管推广效果评估方法很多，但最普遍采用的一种方法是把推广之前、推广期间和推广之后的销售情况进行比较，因为短期销售量的变化幅度是衡量旅游营业推广效果的最好依据。

南京农家乐促销风生水起

"五一"小长假期间，浦口、江宁、溧水、高淳等郊县十大农庄联手，为下乡度假的市民推出了明式婚俗游、秦淮探源寻宝、双推磨坊等众多特色休闲项目，拉动农家餐饮、土特产品等消费。溧水傅家边农业科技园、天生桥风景区、大金山国防园等景区周边的"农家乐"餐馆游客盈门，翻桌不断。高淳接待游客超过3万人次，全县餐饮市场销售同比增长三成以上。外地游客来江宁最爱游玩传统景区，假期里，中山陵风景区日接待量均在6万人次左右，夫子庙景区每天接待量近15万人次。

火爆的市场离不开南京市对旅游软硬环境的培育。2009年，南京市发放了2 000万元乡村旅游消费券，还面向华东6省1市市民推出南京27个著名景点的半价优惠政策。3月20日，中国历史文化名城互游活动启动以来，南京到20多个城市进行推广。旅行社纷纷开通旅游专列、旅游包机，为景区载来了更多游客。游客多了，饭店的生意跟着红火起来，全市旅游饭店客房出租率56.2%，高于长三角同类城市，星级饭店的平均房价还同比涨了14.9%。统计数据显示，全市旅游业一季度总收入达193.88亿元，同比增长13.1%。

三、乡村旅游人员推销

人员推销是最古老的一种传统促销方式，同时也是乡村旅游现代企业中最常用、最直接、最有效的一种促销方式。乡村旅游人员推销是指推销人员与消费者直接沟通交流，传递旅游产品信息，促成买卖交易实现的营销策略。在应用人员推销形式进行乡村旅游产品的促销中，推销人员要获得推销的成功必须在互惠互利、使用价值观念、人际关系、尊重顾客等的原则下进行有效的推销。

与其他沟通与促销形式相比，乡村旅游人员推销的最大特点在于能充分发挥推销人员的作用，直接深入用户，与客户进行双向沟通信息的传递，并通过观察客户反应来捕捉商机销售旅游产品，获取市场信息，人性化地向现实客户和潜在客户提供各种服务。由于推销人员与客户"面对面"进行沟通与促销，人员推销成功率高，但费用大、成本高。乡村旅游人员推销具有沟通与推销的直面性、双向性及因人而异的针对性等特点。乡村旅游人员推销属于直接促销，它有以下几种方式：

（一）营业推销

营业推销包括两种类型：一种是乡村旅游企业内部销售人员在办公室内用电话来联系洽谈业务，接待来访购买者和咨询者。另一种是乡村旅游企业其他各个环节的从业人员，在为消费者提供服务过程的同时销售自身产品的活动。这种推销方式的特点是：旅游者主动向推销人员靠拢，推销人员能依靠良好的销售环境和接待技巧完成推销，满足旅游者需求。

（二）派员推销

派员推销是指乡村旅游企业派专职推销人员携带乡村旅游企业及旅游产品的宣传资料走访客户进行推销的方式。这种方式的特点主要体现在：推销人员主动向潜在的旅游者靠拢，推销员同旅游者之间的感情联系尤为重要；它要求推销人员有百折不挠的毅力、良好的沟通能力与谈话技巧。

预设前提——餐饮现场推销的技巧

以前服务员总是问游客："先生，您喝点什么？"结果在很多时候游客就点最大众化的饮料：雪碧，有的游客则干脆说："不要了。"一段时间下来，饮料的销售额平平。后来经理要求服务员换一种问法："先生，我们餐厅有椰汁、芒果汁、胡萝卜汁等，您要哪一种饮料？"结果很少有游客再点价格相对较低的雪碧，转而选择价格相对较高的椰汁、芒果汁或胡萝卜汁中的一种。这以后，饮料的销售额有了明显的增长。这在心理学上有个现象叫"沉锚"效应，即在人们做决策时，思维往往会被得到的第一信息所左右，第一信息会像沉入海底的锚一样把你的思维固定在某处。服务员在推销饮料等产品时，注意不要以"是"与"否"的问句提问，这样问句的答复往往是要或不要。如果以预设"游客当然要买"为前提，然后以选择性的问句提问，这样游客往往是从中做出一个自己喜欢的选择。

（三）会议推销

会议推销是指乡村旅游企业利用各种会议，如各种类型的旅游订货会、旅游交易会、旅游博览会，介绍宣传本企业的旅游产品的一种推销方式。这种方式的特点是群体集中、接触面广、交易中客户心理较为轻松，因设防而产生的抵制阻力较小，对客户影响力极大，因而成交量大。

四、乡村旅游公共关系

乡村旅游公共关系是指旅游企业以目标公众为中心，以信息和自身形象为重点，以现代传播沟通工具为媒介，协调乡村旅游企业和社会公众关系及旅游企业内部关系，增进乡村旅游企业与社会公众之间及企业内部的相互了解、支持与合作的一种现代经营管理行为。乡村旅游企业开展公共关系的目的在于树立旅游企业在公众心目中的良好形象和声誉，增进其知名度、美誉度和信誉度。公共关系作为企业市场营销中一种重要的促销方式，其职能主要有收集与企业决策相关的重要信息、树立乡村旅游企业与产品形象、促进乡村旅游产品销售、沟通协调，参与旅游企业重大事务决策,增强企业内部凝聚力,应对突发事件,进行危机公关等方面。

旅游有文化承载功能,但又根本上要求商业的成功,因此要用公共关系的方法提升旅游业发展水平,为旅游创造新的空间。旅游公共关系方法的分类很多,乡村旅游企业可运用多种公关手段,开展针对新闻界、社会公众、企业内部员工的公关活动。

(一) 新闻公关

新闻公关是指利用或策划有吸引力的新闻事件,吸引媒体报道以扩大乡村旅游企业影响。由于新闻界是站在旅游企业和旅游者之外的第三者立场上,能客观公正地提供信息,因而可信度高,往往会起到广告难以起到的效果。有时甚至由于新闻公关做得好,能产生轰动效应。新闻公关,是一种高效、低成本扩张的品牌策略。新闻宣传的权威性是任何品牌传播方式无法比拟的,新闻宣传对树立乡村旅游企业品牌形象和建设乡村旅游品牌美誉度都非常重要。此外,通过许多公益新闻事件,还有利于处理乡村旅游企业与政府、公众、社团及商业机构的关系。此外,精心策划的旅游新闻还能吸引媒体的眼球,促使他们主动参与其中进行采访、发布、转载、转播等行为,以达到传播的最大影响力。

新闻公关的关键是与新闻界建立良好的合作关系,尽可能满足新闻界合理的要求。乡村旅游企业要掌握新闻特点,按照新闻规律及时为新闻单位提供其感兴趣的话题,结合乡村旅游产品和品牌的需要,通过新闻媒介,树立乡村旅游品牌形象和品牌个性,实现改变消费习惯,创造消费需求,营造良好的外部发展环境等营销目标的营销沟通手段。但是在利用或策划事件时,切忌胡编滥造,炮制"假新闻"。

第七章 乡村旅游营销

巧借契机　制造新闻

1994年2月16日在安徽阜阳卷烟厂工作到上海探亲的张泽生与妻子、女儿一起到慕名已久的中华商业第一街南京路上购物,在新开张的中联商厦,他们买了一台微波炉,乘电动扶梯下楼时顺手将微波炉搁在电梯的胶带扶手上。不料顺势而下的微波炉撞到了悬挂在边上的一大型商品导购灯箱,只听到一声巨响,灯箱坠地后粉身碎骨。修复灯箱费用高达6 000余元,张泽生一听目瞪口呆。"谈判"中,张泽生实事求是地承认是由于自己不慎造成灯箱毁坏理应赔偿,但请求商厦能减少赔款数目,经理听后主动提出协议方案,为了不使顾客因赔偿而陷入困境,张泽生只需赔偿人民币1元,其余全部由商厦承担。张泽生夫妇激动得热泪盈眶,即赶到《新民晚报》社,向报社同志介绍有关情况。2月27日《新民晚报》以《撞坏导购灯箱,赔偿一元了结》为题详细报道了张泽生夫妇在中联商厦的奇遇,此事立即造成了轰动效应,申城街头巷尾人们议论纷纷,盛赞中联商厦,有的还特地到南京路去看看这家刚开张的新商厦。

(二)参与社会公益活动或借助娱乐节目公关

乡村旅游企业可以根据自身需要量力而行,有选择地参与社会公益活动或借助娱乐节目进行旅游宣传,如参加赞助政府、行业协会、社区等单位或组织举办的环保活动、民族文化活动、学术研讨、体育竞技、教育事业、慈善等活动,通过对社会公益事业提供支持与赞助,在奉献爱心的同时,树立企业"义"与"善"的社会形象。通过娱乐节目或参与社会公益活动,巧借外力,也可把营销做得风生水起,同时还节省了成本,其精髓就在四两拨千斤的"借力"上。

游客去哪儿?

湖南卫视亲子秀节目《爸爸去哪儿》可谓大红大紫,除了节目本身,一切与《爸爸去哪儿》有关的话题都成为网友讨论的热点。更有意思的是,拍摄节目的景点也火了,一跃成为网友们向往的旅游胜地。可以说是"爸爸去哪儿",游客就去哪儿。

《爸爸去哪儿》针对城里人整天面对钢筋混凝土建造的大厦,选址基本都在乡村,给城里人看乡村的东西,让他们眼前一亮。一档亲子娱乐节目带火了乡村旅游地,包括北京灵水村、宁夏沙坡头、云南普者黑、山东威海荣成等,而旅游企业将娱乐营销的思想贯穿于整个体验营销的全过程,在游客的旅游经历中适时、适景地融入娱乐体验,同时赋予娱乐体验以更深的意义,在"娱乐"的基础上注重社会公益,让游客在娱乐中得到更多价值。

(三) 印制各种宣传资料公关

乡村旅游企业可以通过印制企业产品小手册等印刷品来进行公关宣传,还可以通过设计旅游企业的乡土民俗制服、企徽、带有企业标志的名片等能展示乡村旅游企业形象的形式进行公关宣传。宣传方面的思路应该是融入本地的特色文化,让其旅游产品具有当地文化内涵,从而能"走出去";通过举办各种推介会、说明会、发放宣传册等,开展形式多样、丰富多彩的宣传活动,将外界的游客"请进来"。

小燕子的一封信

日本奈良市郊区有一家民宿,外环境优美,服务生招待游客热情,很吸引顾客。但美中不足的是每年春季,许多燕子争相光临,在房檐下营巢安家,排泄的粪便弄脏了玻璃窗和走廊,服务小姐擦不胜擦,使得旅客也有点不愉快。民宿主人爱鸟,不忍心把燕子赶走,但又难以把燕子粪便及时、彻底地清除,很是苦恼。民宿经理忽然想出一条妙计。他提笔写道:

女士们,先生们:

我们是刚从南方赶到这儿过春天的小燕子,没有征得主人的同意,就在这儿安了家,还要生儿育女。我们的小宝贝年幼无知,我们的习惯也不好,常常弄脏您的玻璃和走廊,致使您不愉快。我们很过意不去,请女士先生们多多原谅!还有一事恳求女士们和先生们,请您千万不要埋怨服务员小姐,她们是经常打扫的,只是她们擦不胜擦。这完全是我们的过错。请您稍等一会儿,她们就来了。

——你们的朋友小燕子

这封以小燕子的名义写的向旅客们道歉的信。旅馆经理把它张贴到旅馆的大堂。游客们看了这封信后,都给逗乐了。不仅不再提意见,而且还对小燕子产生了一种特殊的感情,对这家旅馆更感亲切,并留下了美好的印象。

(四) 旅游专题公关

利用旅游专题公关活动向市场传递旅游信息是操作性较强的宣传促销途径。这种方法费用支付少,能够快捷实现社会信息交流。乡村旅游公关活动的形式众多,包括新闻发布会、记者招待会、行业内的茶话会、招待会、联谊会,以及摄影展、书画展、节庆、展销会等。

重庆合川钓鱼城旅游文化节22日来袭

重庆市合川区召开2013重庆(合川)钓鱼城旅游文化节新闻发布会,记者从发布会上获悉,2013合川钓鱼城旅游文化节将于6月22日至30日举行,届时将有啤酒节、武术周、龙舟赛等17项精彩活动等待市民前去参与。

据介绍,2013年钓鱼城旅游文化节以"清凉三江·激情合川"为主题,由市委宣传部、市商业委员会、市文化广播电视局、市体育局、市旅游局和合川区委、合川区人民政府联合主办。合川区将依托文峰街、钓鱼城、涞滩古镇等旅游景区景点,开展17项旅游、文化、商贸、体育活动。

还可以通过举办各种农家活动如瓜果采摘、蔬菜摘种等各种真正体验乡村绿色、乡村乐趣的活动，以及结合民俗节气的各种活动等，在乡村旅游市场"办活动"，从而扩大乡村旅游的市场。与此同时，也需要借助于媒体的宣传，吸引更多的开发商，丰富我们乡村旅游的开发主体；突破乡村旅游建设投入匮乏的局面。

第八章 乡村旅游产品升级

乡村旅游产品的转型与升级，主要方向是乡村休闲、乡村度假与乡村体验。我国现有的乡村旅游产品主要集中于乡村观光和简单的短时休闲，这一产品结构单一，较为初级，效益较低，游客需求不能得到完全满足。在乡村旅游发展的初期，观光产品投资少、见效快，能够迅速吸引市场关注，积聚人气，但在发展后期，乡村旅游面临市场需求的升级，自身的发展也面临着由量向质的转变。乡村旅游产品的升级，是构建以乡村观光、乡村休闲为基础，乡村度假为重点，乡村体验为特色的乡村旅游产品体系。

第一节 城乡统筹政策下乡村角色的转变

城乡一体化，是未来社会发展的必然趋势，也是我国发展经济要解决的一个大问题，它牵涉到一系列关乎国计民生的重要领域。从世界范围来看，很多发达国家也存在城乡差距问题，它们大都制定农业保护性政策并对农民进行财政补贴，以缩小城市和乡村居民收入差距。我国农村人口比重占七成以上，农村不仅人口多、占地广，长期的城乡差别已经带来很强的后缀效应，仅靠经济政策和财政补贴，很难解决城乡差距的大缺口。

近年来，我国陆续出台一系列相关政策来推动农村改革，加速城乡一体化进程，促进城乡统筹发展。国家发改委批准重庆和成都两市作为全国统筹城乡综合配套改革试验区，力求推进各个领域的体制改革，促进城乡经济社会协调发展。我国农村改革首先要解决的是农民增收、农村剩余劳动力就业和土地利用问题,下文以成都双流彭镇金湾村乡村休闲旅游项目为例,解析如何通过发展乡村旅游,转变乡村角色,推动城乡统筹发展。

一、城乡统筹推动乡村角色的转变

城乡统筹不是简单把乡村改造成城镇、把工业推向农村、把农民引入城镇,而是要为农村的发展创造公平的环境。一方面,对农村的产业结构和布局进行科学调整,推动农村经济发展;另一方面,推动农民生产方式和生活方式转变。

(一)乡村角色的转变

在城乡统筹政策支持下,通过集中兴建乡村农业发展园区,进行土地的集中经营,吸引投资和开展大规模的项目开发。鼓励农村发展新兴产业,推进农业产业化步伐。同时,积极促进休闲观光农业和休闲产业的发展。

通过招商引资,乡村的经济发展了,乡村剩余劳动力的就业问题将得到解决;通过对乡村布局的重新规划和基础设施的不断完善,乡村环境美化了,村民的生活水平不断提高;通过道路交通网络的加强,城乡间的距离缩短了,城乡间的交流也变得越来越密切。乡村将不再是原来单一的农业生产角色,而成为为城市提供给养和为城市居民提供游憩休闲服务的角色,乡村逐渐成为城市社会和功能的延伸。

(二)角色转变下的思考

目前,我国大部分的乡村地区生产力水平相对较落后,集约化水平低,规模化也未形成。现在发展城乡统筹所倡导的"三个集中",即工业向集中发展区集中、土地向规模经营集中、农民向城镇集中,将会加速推动乡村商业化、城镇化。但是大规模土地集中和乡村居民的统一安置,会不会导致乡村田园风貌的丧失？农业产业化和农民工人化，急剧的社会角色转变，会不会带给乡村居民强烈的冲击？城市人口的大量涌入和城乡界限的模糊，会不会导致乡村传统文化风俗的湮灭？

城乡统筹是机遇，也是挑战，乡村地区在发展经济的同时，更要关注乡村的社会人文。城乡统筹不是把乡村变成城镇，乡村的田园风光和风土人情也是宝贵的社会财富。在乡村转变角色的阶段，我们应当多思考这些问题，城乡统筹要和谐发展，城乡一体化才能平稳实现。

（三）乡村旅游发展的契机

要调整乡村产业结构、发展乡村经济，又不能破坏乡村的生态环境和田园风光；要改善村民的居住条件和生活水平，又不能改变乡村传统民俗文化，发展乡村旅游是一个绝好的出路。

随着城乡道路交通网络完善，城市不断外扩和部分功能向城郊转移，城市周边的乡村将逐步形成环城市游憩带（吴必虎，2001），满足部分城市休闲和度假功能。随着经济的发展，久居城市的居民渴望回归自然、走向田园，寻求安静舒适的环境，旅游消费需求欲望越来越强。乡村可以充分利用自身资源，满足城市居民休闲度假的需求，成为城市居民短途旅游目的地。

二、城乡统筹催动乡村休闲产业发展

成都是中国"农家乐"、乡村旅游的发源地，起步早、发展快、规模大。而成都人偏好休闲度假的需求促使成都周边出现了大量"农家乐"、乡村旅游等业态的开发。成都周边乡村旅游的开发已具规模，加之国家统筹城乡综合配套改革试验区及相关政策的出台，更推动了成都市乡村旅游产业的发展。乡村休闲产业的发展，在城乡统筹特区的试验建设中，将起着举足轻重的作用。

金湾村乡村休闲旅游开发项目地位于成都双流彭镇北部金湾村，距双流机场约6千米，距成都市区约15千米，在成都向

南发展的主辐射范围内，是成都市都市近郊区，属于环城市游憩带，区位优势明显，未来即将建成的双楠大道直通彭镇，将有力地提高项目地的可进入性。

(一) 统一规划，合理布局

近年来，金湾村通过引进企业与业主，逐步形成了农业用地向业主集中的模式。目前已引进10余家企业和业主，群体经营苗木园艺产业，集中土地764亩。未来，在实现新农村建设的同时，农民将逐步由分散向集中居住发展，对失去土地的农民将统一建设安置小区，预计建设用地面积240亩。

在空间布局设计中要考虑规划空间与自然空间的融合，要始终贯彻自然生态的理念，以乡村园林苗圃大背景为基础，将建筑有机融入自然环境，最大限度地利用现有景观资源，体现尊重自然、追求人造环境和自然环境的密切结合，相互辉映、相得益彰。

乡村园林是提供给游客的一种轻松愉悦的度假氛围，在旅游项目设置方面，要打破传统的旅游观念，结合农业观光和乡村园林风光，通过开放性项目及公共游憩空间的广泛设置，在时空维度上实现区域一体化发展。

(二) 打造诗意主题化的乡村休闲旅游区

目前，成都很多乡村旅游项目都推出民俗文化或传统的农业耕种文化去吸引城市游客，如新津、新都等地。实际上乡村旅游的发展已进入主题化阶段，更注重特色和文化包装，要用文化来吸引游客。因此，乡村旅游的开发必须要从主题和特色方面寻求整个项目定位的突破口。

金湾村乡村休闲旅游开发项目将诗歌与乡村文化组合包装，打造高品位的乡村旅游项目和文化体验环境——中国诗化园林艺术村。以园林苗木花卉生态资源为基础，以乡村休闲娱乐体验项目为核心，以独具特色的乡村生态度假为卖点，以中国园林植物诗歌意境为文化包装，把自然与文化、景观与环境、观光与休闲相结合，打造诗意主题化的乡村休闲旅游区。

我国休假制度改革，带薪休假制度的完善，直接影响居民对旅游目的地的选择。可以预计在未来几年，长线旅游的热度会有所减退，而短途旅游将进一步升温。

国家城乡统筹政策和农村改革为发展乡村旅游提供了良好的契机，乡村地区应把握机遇，积极调整产业结构，大力发展休闲产业。在开发乡村旅游项目时，必须结合自身特色和市场需求，参照市场竞争态势制订适合自身发展的旅游开发战略；要打破固有的思维模式、转变市场角色，创造有特色的乡村文化休闲旅游方式。

第二节 乡村休闲产品的规划设计

我国休闲研究起步较晚，乡村休闲的相关研究更处于休闲研究的低点，基础理论体系还未完全构建起来。休闲的概念远远大于旅游，乡村休闲应该囊括现有的乡村旅游、休闲观光农业、民俗旅游等多种休闲形式，它是城市居民对乡村进行访问的所有活动的统称。这一概念从本质上讲远远大于现在的乡村旅游范畴，其产业特点与休闲的模式、方式等与乡村旅游也有很大区别。

一、乡村休闲概述

乡村休闲有别于乡村旅游，乡村休闲的发展是把农业发展与休闲娱乐结合起来，包括乡村旅游、休闲观光农业、民俗旅游等多种休闲形式，乡村休闲能带动相关产业的发展，有益于我国农村地区产业结构的调整与优化，在此将就乡村休闲的概念、发展历程及前景进行深入探讨。

(一) 何为乡村休闲

从休闲的发展来看,主要经历了两个阶段:农业社会的休闲和后工业社会的休闲。而乡村休闲,正是建立在农业社会的休闲基础之上。在城市化和工业化加速发展的今天,乡村休闲就显得越来越重要。乡村休闲以乡村生活为背景,以家庭群体为主要单位,依靠交流、互动进行体力上和精神上的放松、休息、消遣。这种休闲方式,是在乡村这个特定的区域进行的,独特的乡村风光和传统的乡村民俗成为了乡村休闲重要的支撑。

(二) 乡村休闲的发展前景:乡村旅游的新起点

目前,中国的乡村旅游正在经历一个快速发展的时期。各个省市的城乡过渡地带都涌现出了大大小小、形形色色的农家乐、主题农业园、度假山庄,而以乡村旅游为主题的度假区、风景区,在规划、设计、开发过程中都力求特色化、主题化,以吸引更多的游客前来。但是,不难看出,乡村旅游在其发展过程中,已经遇到了瓶颈——普通的乡村观光与乡村生活体验很难适应现在乡村旅游市场的发展,乡村旅游产品出现了陈旧、过时的状况。

从旅游业的发展过程来看,旅游的潮流使休闲度假变得越来越重要。因此,乡村旅游的发展也必不可少地会遵循这一规律,即乡村休闲的比重将比乡村游览所占比重更大。而乡村旅游也将形成以乡村休闲打破瓶颈,以新的旅游产品来满足乡村旅游市场需求的发展趋势。从这个意义上讲,乡村休闲将是乡村旅游的新起点。以单纯的观光向休闲转变,可以扩大乡村旅游市场,完善乡村旅游中的"行、游、购、食、住、娱"产业链条,增加农村居民就业和收入,进一步缩小城乡差距。

(三) 乡村休闲的发展历程

中国农村经历了从原始农业向现代农业的转变过程。在这一转变过程下,乡村的休闲也经历了从传统的普通农闲向现代乡村休闲的转变。

（1）农业社会下的乡村休闲。农业社会下的乡村经济，是一种自给自足的单一经济，很少存在市场化的商品经济特性。农民的生产供给，绝大部分是为了满足自身需要，因此在生产力方面形成了以单个家庭或家族为单位的群体，并且不占有生产资料。这样的原始农业经济所形成的乡村休闲，也仅仅是以家庭或家族为特征，由于生产力低下，基本形成"靠天吃饭"的格局。乡村休闲仅仅是一种农闲的表现，在不能耕作的季节，往往各个家庭以自娱自乐形式进行乡村休闲。由于乡村的基础设施条件差，基本不能形成乡村旅游产业，所以当时乡村休闲主要是在封闭的社会圈层来进行，休闲方式单一、休闲活动较少、休闲层次较低，人们仅仅是以休息的方式去进行休闲，主要是为获得身体上的放松和恢复体力。

（2）现代乡村农业下的乡村休闲。随着社会发展，现代乡村农业打破了原来的单一封闭式经济，形成了以市场经济为指南针的集约化经济形态。这种经济形态表现为统一规划、统一建设、统一管理、统一营销，乡村农业形成了集群化、规模化、产业化。整个现代乡村农业不再是自给自足，而是各个产业链条互相紧扣，循环拉动的综合性产业。这种产业链的形成，为乡村休闲旅游提供了完整的供给保证。土地集中、人力资源集中和资本集中使得乡村休闲向着大众化和开放式方向发展，形成了乡村旅游产业。现代乡村农业下的乡村休闲，不再是以家庭为中心，而是以个人为中心，形成了乡村观光、乡村度假的方式。乡村休闲的目的，也不再仅以休息的方式去获得体力恢复，而是享受轻松、自由、美好的环境气氛，使身体和精神得到满足，达到一种自我调节作用，更多的是追求一种精神上的享受和愉悦。

二、乡村休闲与节事活动

在乡村旅游目的地的发展初期，节事活动的开发对于树立目的地的旅游形象起着不可估量的作用；中后期，节事活动的深入发展对于构建文化乡村、体验式、和谐式乡村将起到助推器的作用。所以，在乡村休闲旅游目的地的发展过程中，乡村生态、乡村民俗节事活动的开发是值得投入大量的人力、物力和财力的。

(一) 节事活动与乡村节事

节事活动及乡村节事的开展对于乡村休闲旅游目的地有着重要的意义，有必要对二者概念进行辨析。

(1) 节事活动。纵观我国近年节事活动的研究发现，对节事活动的内涵和外延的理解有很大分歧，突出表现在对节事活动的概念和外延的探讨上。戴光全等在《西方事件及事件旅游研究的概念、内容、方法与启发》（上）一文中，则指出西方学界常常把节日（Festival）和特殊事件（Special Event）合在一起作为一个整体来进行研究，称为"节事"（Festival and Special Event）[①]。但是总体上，它们都以某一地区的自然、文脉和发展战略为基础，举办的一系列活动或事件，包括节日、庆典、地方特色产品展览会、交易会、博览会、会议以及各种文化、体育等具有特色的活动。

(2) 乡村节事。乡村节事是利用乡村田园原生态的环境以及形成的农业产业规模效应，或者通过深入挖掘民间民俗文化、民族文化而开发的乡村节庆事件。它通常包括两种类型：第一，以乡村原生态和农业产业规模为基础的乡村生态节事活动。第二，乡村民俗或乡村民族节事活动。比如成都龙泉驿区的国际

---

① 戴光全，保继刚. 西方事件及事件旅游研究的概念、内容、方法与启发（上）[J]. 旅游学刊，2003，18（5）

桃花节、广元苍溪县的梨花节就是以乡村原生态的田园风光和农业产业集群发展起来的乡村节事活动；而贵州从江侗族大歌节，则是在深入挖掘几千年悠久侗族文化的基础上，旨在向游客展示从江丰富的原生态民族文化的特色民俗节事活动。

（二）节事活动对乡村休闲旅游业的作用

在乡村休闲旅游目的地逐步发展的过程中，节事活动起到了不可忽视的作用。

（1）节事活动增强了乡村休闲旅游业的差异化吸引力。在乡村旅游目的地发展的初期，乡村生态节事活动主要是为乡村树立独特的生态乡村形象。随着乡村旅游目的地的发展，乡村的农业产业结构就会受到市场的驱动，逐步发生转变。传统的农业生产模式就会逐渐被新的产业模式所取代，形成独特的产业景观，这些作为乡村生态节事活动的新元素，就会成为乡村发展休闲旅游业的差异化吸引力。

独特的气质和文化精神，是乡村最宝贵的精神财富和核心竞争力，是形成一个乡村对外差异化吸引力的根基，是一个乡村休闲旅游业发展的魂魄。在乡村旅游目的地发展的初期，乡村民俗节事活动主要是拯救和展示古老乡村的先民所遗留下来的文化遗产，给游客带来不一般的体验。这个时期，它吸引游客的主要是由于地域的差异性，所带来的文化的新奇感。而随着旅游者品位的提高以及乡村休闲经济竞争的日益激烈，不同或者相同地域环境下的乡村与乡村之间不应再去角逐一场同质化的竞争经营，而是应该找出乡村自身的魂。深入挖掘乡村民俗文化的内涵，才能形成独特的产品。因此节庆事件是乡村休闲旅游业中一张"外向型"的牌，借助节事活动，初期重点打造差异化的形象，中后期逐步形成乡村休闲旅游业独特的核心竞争力。

（2）节事活动将成为乡村休闲吸引物体系中的一个核心产品。乡村中独特的自然资源、人文和社会资源具有一定的旅游吸引力，是其休闲产业发展的基础。当大众旅游还处于"观光型"的初级阶段时，节事活动的主要作用是展示乡村独特的生态、文化形象，吸引游客的眼球。初期的节事活动还停留在单纯的办会，办展的阶段。

但是随着乡村旅游目的地的成熟以及其休闲旅游业的盛行，旅游者日益偏好于动态性、参与性、体验性强的休闲旅游产品。单纯静态吸引物的吸引力正逐渐降低，而富有参与性、体验性的乡村节事活动，将成为乡村休闲吸引物体系中的一个核心产品。游客更愿意深入乡村田园、乡村聚落中，去体验乡村独特的自然、文化、社会气息。

(3) 节事活动促进乡村休闲旅游产业链的形成。在乡村旅游目的地发展的初期，针对节事活动所吸引的大量游客，当地政府或旅游部门会精心设计和开发具有浓郁本地特色的旅游产品系列。包括与"食、住、行、游、购、娱"相配套的一系列产品体系。当乡村旅游目的地逐步走向成熟之后，当地政府或旅游部门就会通过节事活动，完善农业观光休闲游、生态体验休闲游、文化休闲游、民俗休闲游等休闲旅游产品。节事活动不仅使旅游者在旅游的过程中充分了解当地独特的文化，也使当地政府或旅游部门完善和提升了本地的休闲旅游产品体系。

(4) 节事活动增强了乡村休闲旅游业可持续发展的能力。文化的挖掘、乡村文化遗产的保护、乡村非物质文化遗产的传承、乡村产业景观的维护是乡村休闲旅游业可持续发展的保障。在乡村旅游目的地逐步发展的过程中，通过发展乡村生态事件活动发展起来的休闲乡村，会形成自身独特的产业景观，产业体验模式，农业产业文化；而通过乡村民俗节事活动的成功举办，乡村独特且具有吸引力的人文气息以及其传统的文化遗产不仅得以恢复生机，同时又能与时俱进地发展。这些都是乡村发展休闲旅游业最核心、最本质的东西。除此之外，节庆事件的举办，完善了乡村配套的基础设施硬件和相应的软件支撑系统（专门的技术管理人才、政府部门的指导合作等），这些都是促进乡村休闲业可持续发展的动力。

三、乡村休闲产品规划设计要点

乡村休闲产品的成功规划是乡村休闲活动开展的前提，在规划过程中要注意以下3个方面。

（一）明确主题，以大产业大系统支持乡村休闲产品开发

规划者应明确乡村旅游的发展方向，将乡村休闲作为本地区的支柱产业进行打造，并以此为依据大力发展乡村休闲的配套服务产品，逐渐优化乡村旅游的产品结构。在规划过程中，规划者应根据本地区的自然条件、区位条件、资源品级和特色、开发程度等情况，统筹安排产业布局，科学定位本地区主题，通过主题化乡村休闲产品的打造，以乡村休闲产业带动配套服务业发展，以农业、手工业和服务业等配套产业作为乡村休闲的重要支撑，提升本地区乡村休闲产品的市场竞争力。

除此之外，由于乡村地区面积广阔，单一的旅游产业难以带动整个大区域的经济发展。因此打造大产业大系统是实现乡村联动发展的关键。通过乡村本地产业与新进产业的联合发展，通过重点打造观光游览体系、休闲度假体系、生态农业体系，实现大区域的产业联动发展，提高区域知名度，提升土地价值，黏住空间内外资源、资本等生产要素，进而黏住由要素带来的产业集群效应，形成新产业集聚空间，支持乡村休闲产业的发展。

（二）提高品位，以高附加值产品提升乡村休闲的产业价值

现有乡村旅游以农家乐和休闲农庄为主，旅游产品中村落观光、骑马、垂钓、棋牌和餐饮等大众型产品是其主体，品种单一，以中低端消费为主，而能够满足高端需求的产品较少，导致了乡村休闲产品的高投入、低附加值、低产品效益。随着

乡村旅游的持续发展，新老乡村旅游目的地的竞争日趋激烈，吸引人气成为各地竞相追逐的目标，短时能吸引眼球、吸引客流的表演、观光等产品类型也越来越为规划者青睐，个别地区的乡村旅游甚至出现低端竞争、重复建设的恶性循环，导致乡村旅游开发赖以生存的良好环境与珍贵资源遭到严重破坏。

在乡村旅游规划实践中，规划者首先应对本地区文化有深入了解，通过挖掘农耕文化和整合当地的独特地域文化，将本地文化概念巧妙地融入乡村旅游产品策划。同时通过增加游客参与度，增加乡村旅游产品的文化内涵，打造农耕体验、田园休闲、高科技农业、农业教育、主题旅游等多类型休闲产品体系，优化乡村休闲产品结构，提升乡村休闲产品附加值，创新高效益、高品位、多层次、低污染的乡村休闲产品。

（三）丰富品种，以多层次多品种产品满足游客多样化需求

乡村休闲产品是大众化产品，面对的目标顾客群体规模最大、需求层次最多、消费能力差别最大。其主要需求动机包括回归自然、休闲放松、寻幽访古、康体疗养、农事体验、求新求知等，涵盖的人群包括了个体业主、企业家、商人、学生等多个群体，其消费层次和消费能力均有较大差别。

因此，规划者在产品设计过程中，应通过广泛深入的市场调研，充分了解、掌握本区域主要城市客源市场的特征，如游客年龄结构、受教育程度、家庭结构、收入水平、消费偏好、消费能力等，针对性开发乡村休闲产品，在乡村产业、资源和环境容量允许的前提下，尽量满足游客的多样化需求。

第三节　乡村度假产品的规划设计

乡村度假是乡村休闲的高级形式，是游客依托乡村资源开展的疗养身心的深度旅游活动。乡村度假产品的开发基础是乡村文化、生态景观与农业产业，其主要特征是在乡村良好的生

态环境和文化氛围中，消费绿色产品，体验宁静生活，躲避世俗压力。因此，乡村度假产品相比乡村观光产品，其对环境与氛围的要求较高，而对乡村遗产的品级、规模要求较低，环境良好、交通便利的乡村地区，都具有开发乡村度假产品的潜力。

在我国乡村旅游规划过程中，已经出现很多乡村度假区的旅游规划成果，这符合现阶段乡村旅游由观光向休闲度假转型的需求，同时也是顺应我国农业产业升级、新农村建设和城乡统筹发展的要求，是一个值得深入探讨并持续推进的研究领域。

一、乡村度假产品的产品特征

乡村度假产品与一般的乡村观光旅游产品存在较大区别，主要表现在以下几个方面。

（一）文化内涵要求更高

相比山地度假、海滨度假及森林度假等度假产品，乡村度假的文化内涵更深厚、更丰富、更独特。中国地域广阔，景观特色明显、地域文化鲜明的乡村众多，这为乡村度假产品的开发奠定了资源基础。在乡村度假过程中，游客有时间有精力去以更细致的角度观察和感受乡村文化，乡村度假产品对文化内涵的要求高于乡村观光产品，这决定了其对文化挖掘、文化阐释与文化演绎的程度更深。文化与环境的完美结合构成乡村度假产品的核心吸引力，是乡村度假产品能够吸引城市游客前往乡村做长时间逗留的主要原因。

（二）配套服务现代化、独立化

乡村地区以传统的农业生产为主，基础设施建设相对落后，医疗、购物、娱乐等配套设施缺乏。因此，在乡村地区开发乡村度假产品，需要配置独立的服务设施系统，完善的配套服务成为乡村度假产品必不可少的组成部分。相比城市度假或其他专属度假区，乡村度假区的服务设施是一个独立系统，配套服务的高标准、现代化、舒适性与乡村的原生态形成鲜明对比，这是乡村度假产品表现在产品内容上的鲜明特征。

(三) 消费趋向中高端化

相比乡村休闲产品的全层次大众化消费，乡村度假产品面对的顾客群体更趋向于中高端。一方面，这是由乡村度假产品的供给有限性决定的。乡村度假产品对生态环境的要求较高，同时游客停留时间较长，对乡村地区的生态影响也最为明显，同时乡村地区独立建设的配套服务设施的规模毕竟有限，其游客容量决定了乡村度假产品并不适合大规模的市场供给。另一方面，乡村度假面对的消费群体大部分为生活和工作节奏较快、压力较大的城市中高阶层，他们对乡村度假产品的购买能力和消费意愿决定了乡村度假产品的档次。然而可以预见的是，随着城市化进程的加快和乡村地区配套服务的不断完善，乡村度假产品最终将会趋于平民化。

二、乡村度假产品的产品形态

近年来，乡村度假旅游受到越来越多旅游者的青睐，虽然乡村度假旅游在我国出现时间较短，但发展迅速。经过一段时间的发展，我国乡村度假旅游产品形态主要表现为以下几种：

(一) 乡村度假产品的传统形态

乡村度假旅游要求游客能够真正放下工作，脱离日常生活，全身心投入乡村环境，体验清新、宁静、和谐的生活。综而论之，我国乡村度假产品的传统产品形态主要有以下3种。

(1) 度假村式乡村度假产品。度假村是我国出现最早、最常见的乡村度假产品形态。度假村一般依托特色村落、风景区或知名人文旅游区开展乡村休闲度假活动，对外交通便利，基础设施完善，生态环境良好。度假村能够在一定程度上承接乡村优良的生态与文化氛围，与位于城区的度假场所相比具有很大优势。

（2）公寓式乡村度假产品。乡村公寓是指旅游运营商、社区居民或政府部门在乡村内建设度假型公寓，通过统一规划、统一建设、统一管理，出租或出售给乡村旅游者，供游客进行乡村休闲度假活动的乡村度假产品。乡村公寓可将乡村地区的特色建筑直接改造成为度假公寓，并可利用乡村已有基础设施，减少投资成本。

（3）俱乐部式乡村度假产品。乡村俱乐部是我国乡村度假产品开发的新方向，是乡村休闲度假产品的高级形式。乡村俱乐部一般位于风景秀丽、交通便捷的城郊乡村，多采用会员制，以某一休闲运动或特色产品为主题，提供高级度假服务设施，具有运动、休闲、科普、健身、社交及疗养等复合功能。

虽然上述主要的三种形态度假产品在不同程度上都促进了乡村度假旅游的发展，但是在乡村遗产的保护、乡村文化的体验和乡村休闲活动的开展上都存在严重不足。度假村式和俱乐部式度假产品都是封闭式的经营体，与村庄相脱离，并没有实现真正意义上的乡村度假体验。且由于前期的统一规划、统一建设，其无法与村庄乡村文化融为一体，游客对农耕农事的深度体验也受到局限，缺少与当地农民的沟通机会。而俱乐部式乡村度假产品实际上是封闭的高端产品，本身就已经改造了田园景观，不仅没有有效地融入到乡村田园景观中，而且影响了乡村田园的景观效果。无论哪一种传统形态的乡村度假产品都没有很好地在乡村文化遗产的保护基础上进行合理的开发，且是以破坏乡村性作为其发展乡村度假的代价，从长远来说，这将严重影响乡村旅游的长期发展。

（二）乡村度假产品的新形态——田园养生

田园养生是乡村度假产品发展的新形态，是最近兴起的度假产品概念，它追求陶渊明式的悠然生活，满足游客以"悠游"心态纵情田野，体验熟悉的乡间闲适生活的需求。田园养生是乡村度假中最具特色的代表性产品，在未来发展中将成为乡村度假产品的核心和重点，具有广阔的市场空间，因此对田园养生产品的规划开发研究具有重要意义。

(1) 田园养生概念解析[①]。中国最具代表性的田园养生倡导者是东晋时期的田园诗人陶渊明。在其最具代表性的作品《桃花源记》《归去来辞》《归田园居五首》与《饮酒》中我们可以读懂古人心目中的养生之道。陶渊明先生提倡"心远地自偏"的处世态度，乐于积极地融入乡野自然之中，利用田园的自然去切身体验淳朴本真的生活情趣，以达到修养身心的目的。现代田园养生则是在继承了传统养生理念的基础上，更注重内容的丰富化和项目的参与性。

作为现代人调整舒缓心绪的方式之一，田园养生指建立在乡村良好的自然生态环境基础上，以观光、休闲、度假、避暑、康体、游乐为主要形式，以达到延年益寿、强身健体、修身养性、医疗康健等为主要目的的休闲度假形式。田园养生旨在引导城市人暂时离开喧闹的城市环境和压力空间，通过在乡村生态环境中进行休闲游乐活动和适度的农事劳作，获得生理和心理的双重慰藉，达到强身健体和放松身心的目的。

(2) 田园景观的保护与氛围营造。田园景观的保护。田园景观的形成有其自然和历史渊源，承载了丰富的文化民俗信息，是乡村宝贵的自然遗产。自然而生态的田园景观是打造田园养生的环境基础。对田园景观的开发必须坚持"规划先行、保护第一"的原则，在不破坏原有景观要素的前提下，通过合理系统的植物栽培和建筑风貌改造，突出乡村天然、朴实、绿色、清新的田园氛围，打造出符合人们心理需求与旅游审美的田园景观。

---

① 杨振之，王进. 城郊乡村休闲新视点：田园养生产品的开发 [N]. 中国旅游报，2008-07-07

田园景观的氛围营造。通过乡村环境的提升和景观氛围的营造，原始的田园景观才能够真正为当地旅游业所用。在农村田园静谧的大环境和生态自然的乡村氛围下，通过合理科学的田园景观规划和资源整合，依托森林、河流、湖滨、温泉等辅助资源，打造有别于城市的特色鲜明的田园意境，才能够在真正意义上满足城市游客的心理诉求。通过树立市场认可的乡村休闲度假和田园养生品牌形象，为乡村旅游的可持续发展提供强大的资源支持，为乡村旅游的发展创造新的效益点。

(3) 田园养生产品规划要点剖析[①]。田园度假——以静养生。乡村田园度假地通常位于环城市游憩带或知名自然风景区的周边。远离城市的灯红酒绿，寻找心中的一片净土常常是旅游者选择田园休闲度假的主要动机。在对此类旅游项目进行开发和规划时，要注重度假项目、空间、氛围与"静"的结合，特别是对田园环境氛围的打造、建筑风格的协调等。良好的田园养生度假地应首先从环境上塑造出宁静祥和的田园风格，为旅游者提供以静养心的空间。

田园农耕——以动养生。农耕体验是现代养生的重要表现形式，是田园养生与近郊休闲旅游结合的主要形式。"以动养生"是我国古代人们从长期生活实践中逐渐形成的一种朴素的养生观念，是田园养生度假的重要组成部分。田园农耕不仅包含乡村农耕劳作活动，更重要的是挖掘其涵盖的一系列体现生命本源的生活方式和元素，提炼出"以动养身"的概念，以便于打造出区别于周边景区的田园意象。

田园文化——以和养生。"与世无争、自给自足"是田园文化的精髓，体现了"以和养生"的精神。田园文化也是乡村文化内涵的外在表现，对凝聚乡村精神和升华乡村形象具有十分

[①] 杨振之，王进.城郊乡村休闲新视点：田园养生产品的开发 [N].中国旅游报，2008-7-7

重要的作用。对其深层次挖掘不仅可以提高当地田园养生休闲度假的品味和档次，还有利于形成独特的区域品牌，迎合人们对质朴、率真的思想感情的追求和对乡村田园生活的渴望。

田园养生度假强调田园文化氛围的体验，所以在近郊休闲旅游目的地开发过程中，应围绕着田园文化这根主题轴线，在乡村环境、乡村建筑、旅游服务设施、服务项目、旅游商品等方面诠释田园文化内涵，剖析完整的乡村文脉，凝聚本土文化个性，拓展文化空间，让田园文化和养生主题更好地融为一体。

第四节　乡村体验产品的规划设计

体验这一概念引自于心理学，《现代汉语词典》对"体验"的解释是"通过实践认识周围的事物；亲身经历"。乡村体验是乡村旅游产品的必要组成部分，乡村休闲、乡村度假、乡村观光等产品都包含了乡村体验内容，都具有一定程度的体验性特征。本节将对乡村体验产品的特征及规划要点进行阐述。

一、乡村体验产品的产品特征

乡村体验产品，是将乡村体验作为产品核心来进行打造的乡村旅游产品，是以游览乡村景观、体验乡村生活、感受乡村文化为主要目的的特殊旅游形式。

（一）以游客的独特经历和心理感受为产品核心

乡村体验旅游是乡村旅游的最高层次，它追求乡村回归，追寻梦里故乡，宁静心灵与感悟生命是游客进行乡村体验旅游的主要目的。因此，游客在消费乡村体验产品时，必须具有融入真实乡村生活的机会，体验日出而作日落而息的农家生活，静看小桥流水炊烟袅袅的美好景象，经历难忘的心灵震撼，并能真正体会到生活的真谛，体会到更多人生哲理，心灵能够从尘世喧嚣逐渐净化沉淀，这一感受是独一无二的，是马斯洛心理需求理论的自我实现,因此也是最难达到的,它构成了乡村体验旅游产品的核心。

(二)从生产到消费均要求游客深度参与

乡村体验产品的生产与消费是同时进行的,并且生产和消费场所、消费主体、消费客体,都具有相对固定性。体验产品生产必须由游客亲身参与,如踩水车提水、自己动手做饭、到田间劳作等,在产品生产过程中,游客体验到的劳动快感,以及劳作之后休憩的欢娱,都可构成乡村体验产品的内容,是游客进行乡村体验的消费对象。因此,乡村体验产品的生产过程与消费过程在很大程度上是同时进行的,并且要求游客亲自参与生产,才能最终消费产品的全部内容。

(三)产品的个性化和组合化

乡村体验产品的心理消费性决定了其产品设计必须能够真正做到个性化,产品内容必须符合进行产品消费的游客年龄、学历等基本特征,才有可能达到最终的消费目的,实现游客体验满意度的最大化。也正是由于人们个体差异化较大,个体的心理感受在不同时间不同场所也有不同表现,因此单一的体验产品难以满足所有游客和游客所有心理需求,组合化是乡村体验产品的必然要求。例如乡村生活体验产品就应包含乡村赶场、田间劳作、农家住宿、农家饮食等多种产品形态。只有将产品组合中的每一产品做细做专,才能最终形成真实度高的乡村体验产品。

二、乡村体验产品的规划要点

乡村体验产品的规划既要突出乡村独特的自然风光,又要体现其人文特色及乡村文化,给都市人提供认识农村、体验农家生活、感受民风民俗的机会。因此,乡村体验产品在规划的过程中要注意以下几点:

(一) 以主题化视角进行创新开发

乡村体验作为乡村旅游的核心,已经得到人们的普遍关注。然而这仅仅是停留在理论阶段,现实中各乡村旅游区仅仅将乡村体验作为乡村旅游产品的附属部分,并未得到应有重视。如成都地区的"五朵金花"乡村旅游区,是我国乡村旅游发展的成熟景区,"江家菜地"作为"五朵金花"的核心景区之一,它让城市游客有机会在乡村有一块自己(租赁)的田进行农事耕作,体验农事劳动,这仅是乡村体验产品的最初形态。

乡村体验旅游产品未在全国乡村旅游区的建设实践中得到重视,原因是多方面的,其中一点就是因循守旧,不能因地制宜对乡村体验产品进行创新开发。乡村体验产品的个性化决定了其规划开发必须遵循本地资源、本地文化和本地市场的三重要求,以主题化、精致化为手段,完成体验产品的组合设计,摒弃一些到处可见的、毫无关联的花果采摘、垂钓、骑马等初级产品形态。

主题化是乡村体验产品设计的重要途径。主题化乡村,一方面能够为游客提供一个别具特色的宁静的乡村环境,让游客长时间深入乡村进行生活体验;另一方面能够通过规划引导最大化维持乡村性,避免外来文化要素对游客体验质量的影响。而至于主题化乡村的规划方法,可借鉴原乡规划的规划要点。

(二) 以深度参与强化体验设计

深度参与是指游客在产品的生产过程中必须身临其境,完整参与整个生产过程,并有时间进行消费后的心理总结。全程性和亲身性是体验设计的关键,其中的每一个过程都是紧密联系的,即便其中任何一个环节缺失,其体验效果都将大打折扣,消费满意度都不能达到最大化。

以深度参与理念设计产品,要求规划者在产品设计过程中不能在产品中加入强迫性,试图以某种规则指导游客应该做什么不应该做什么，理所当然认为游客完成程序后将会得到哪种感受，而是将游客置于环境之中，为其创造条件去独立思索独立行动，使其体会到在此情境中要做什么，以此为基点开发产品，引导游客顺畅完成体验过程，游客将会全身心参与其中，并最终达到深度参与、深度体验的规划目的。

（三）注重产品的心理需求层次

马斯洛理论把需求分成生理需求、安全需求、社交需求、尊重需求和自我实现需求五类，乡村体验产品的规划设计应充分利用马斯洛需求层次理论，以自我实现为目标，进行产品设计和市场开发。

李经龙等（2005）引入马斯洛的人本哲学观把旅游体验的层次进一步划分为山脚体验、高峰体验、高原体验3个等级。其中山脚体验是绝对的、自我肯定的快乐的闪现，是最为大众化的一种旅游体验方式；高峰体验是旅游者处于最佳状态的时刻，感到敬畏、强烈的幸福、狂喜、完美或欣慰的时刻；而高原体验是对奇迹的、使人敬畏的、神圣的、大一统的旅游情境和存在性价值的宁静而平和的反应。这一理论将旅游体验的三个层次阐述得较为清楚，乡村旅游体验产品的游客需求心理属于马斯洛自我实现需求层次上，是高原体验的一种类型，其心理需求特点是追求宁静平和，追求回归和自我升华，每个人能够体会的程度与深度是不同的。

因此，乡村体验产品的规划设计应基于较高的心理需求层次进行规划设计，在选择乡村产品主题上，注重文化性、乡村性、特色性等高心理层次需求点的结合；注重旅游纪念品开发，应能将游客体验感受充分凝聚其上，达到旅游体验在游客回归原来生活后的很长时间内看到纪念品还可感到心灵触动；重视游客的感官刺激，通过满足游客高层次的感官需求达到高层次的心理需求，从视觉、触觉、听觉、味觉、感觉等多重感官效能满足游客追求高峰体验的要求，避免产品档次长期徘徊在低水平而导致游客体验感受的下降。

(四) 调动居民广泛参与的积极性

乡村体验产品的开发必须有本地居民的广泛、深度参与，以达到体验环境的原真性。乡村原住民承载了乡村最原始的生活环境和生活态度，他们的存在是乡村灵魂所在，没有原住民的乡村只是一个视觉上的乡村。乡村体验产品的生产过程中，通过乡村原住民的广泛参与，通过语言、动作的教导，可在潜移默化间提高游客的体验质量。

在规划设计中，居民调控规划的艺术化、灵活化、科学化是保障乡村体验产品质量的关键。有些乡村旅游区通过统一规划、统一建设居民聚居区实现农民集中居住，实现土地集约化经营，是一个有益尝试，对于一般的以生产生活为主要功能的乡村具有积极意义，但对于以旅游业作为支撑产业的乡村来说此种做法并不明智，强行将农村从原生环境中剥离，实际上是忽视了游客真实体验的需求，乡村旅游体验产品就失去了其产品灵魂。

主要参考文献

胡海建,南延长,郑赟. 2017. 休闲农业与乡村旅游 [M]. 北京:中国农业科学技术出版社.

陈一鑫. 2017. 休闲农业与乡村旅游研究 [M]. 西安:西北工业大学出版社.

骆高远. 2016. 休闲农业与乡村旅游 [M]. 杭州:浙江大学出版社.

黄凯. 2016. 休闲农业与乡村旅游 [M]. 北京:中国财富出版社.

耿红莉. 2015. 休闲农业与乡村旅游发展理论和实务 [M]. 北京:中国建筑工业出版社.

李光跃. 2014. 休闲农业与乡村旅游概论 [M]. 成都:四川科学技术出版社.

主要参考文献